Programación C++ para principiantes

Cómo aprender C++ en menos de una semana.

El curso completo definitivo, paso a paso, desde el principiante hasta el programador avanzado

William Brown

expreso por escrito de la Editorial. Todos los derechos adicionales están reservados.

La información contenida en las siguientes páginas se considera, en términos generales, una exposición veraz y exacta de los hechos y, como tal, cualquier falta de atención, uso o mal uso de la información en cuestión por parte del lector hará que cualquier acción resultante sea únicamente de su incumbencia. No existe ningún escenario en el que el editor o el autor original de esta obra puedan ser considerados de alguna manera responsables de cualquier dificultad o daño que pueda ocurrirles después de emprender la información aquí descrita.

Además, la información contenida en las páginas siguientes tiene únicamente fines informativos, por lo que debe considerarse universal. Como corresponde a su naturaleza, se presenta sin garantía de su validez prolongada ni de su calidad provisional. Las marcas comerciales que se mencionan se hacen sin el consentimiento por escrito y no pueden considerarse en ningún caso un respaldo del titular de la marca.

Índice de contenidos

Introducción

Este libro le proporcionará una guía paso a paso sobre cómo programar en C++ de forma eficaz y eficiente. Tanto si se trata de su primera incursión en el mundo de la programación como si es un estudiante experimentado, este libro contiene capítulos perfectos para ayudarle a comprender el concepto de la programación en C++. Desde por qué deberías programar en C++, pasando por la explicación de cada tema, hasta la creación de tu propio código de programa, y finalmente los errores más comunes que debes evitar al programar.

La mejor manera de utilizar completamente las características de este libro para ayudarte a progresar depende completamente de ti. Es posible que quiera entender primero todos los conceptos y luego comenzar a programar de forma práctica, o puede intentar cada uno de los programas de los conceptos con sus ideas únicas al lado. Cualquiera que sea la forma que le ayude. 'Programación de ordenadores para principiantes: C++' utiliza palabras fáciles de entender, por lo que no es necesario que pierda su tiempo tratando de analizar cualquier parte del texto como otros libros. Esta guía de programación en C++ explica cada concepto, luego proporciona el formato/sintaxis y, por último, lo aplica a una aplicación de la vida real para cada tema. Te dice todo lo que necesitas saber para empezar a programar en C++. La regla más importante es: disfruta y deja fluir tu creatividad al máximo. ¿A qué esperas? Empieza a programar en C++ para principiantes. Sé constante en tu práctica de la programación y ¡buena suerte!

Capítulo 1: Qué es C++

1.1: Introducción a la programación

Antes de aprender código, debemos comprender qué es un ordenador. Una máquina es un sistema informático que realiza datos bajo la supervisión de un programa informático o un sistema que puede recibir órdenes humanas, interpretarlas y reaccionar ante ellas. Un programa es un conjunto de comandos y registros.

Los componentes esenciales de un ordenador son:

- Dispositivo de entrada
- Unidad central de procesamiento (CPU)
- Unidad de producción

El procesador se divide a su vez en tres secciones:

- Dispositivo de memoria
- Unidad de control
- Dispositivo de lógica aritmética

La mayoría de la gente ha aprendido que la CPU es el cerebro del ordenador. Absorbe los datos, los almacena en la memoria transitoria antes de guardarlos en el disco duro, realiza operaciones lógicas sobre ellos y, por tanto, transforma (también conocido como convierte) los datos en hechos. Una máquina, como todos sabemos, se compone de software y hardware. El software es un conjunto de programas que funcionan juntos para realizar diversas tareas. Un sistema operativo (S.O.) es un sistema que permite a las personas comunicarse con los ordenadores.

Un programa informático es una serie de instrucciones que debe seguir una máquina para que ejecute una determinada tarea. Un disco, también conocido como máquina, es un sistema informático que procesa datos bajo la supervisión de un programa informático. Los datos frescos se traducen en una disposición de valores de salida cuando el programa se está ejecutando. Estos lenguajes de programación de alto nivel (HLL) se utilizan para crear estos programas informáticos. Los lenguajes de alto nivel (HLL) son lenguajes casi humanos, pero más complicados que los lenguajes comprensibles por las máquinas, también conocidos como lenguajes de bajo nivel (LLL).

Ahora que hemos cubierto los fundamentos, podemos desarrollar un plan de estudios simplificado. Tenemos varios lenguajes para interactuar entre nosotros, y tenemos múltiples lenguajes para interactuar con las máquinas, como C, C++, C#,

Java, Python, etc. El robot sólo puede comprender el lenguaje binario (el dialecto de los 0 y los 1), también conocido como lenguaje informático o lenguaje de bajo nivel (LLL). Sin embargo, los programas que escribe están redactados en un lenguaje de alto nivel (HLL) que es más parecido al humano.

El lenguaje ensamblador, también conocido como código máquina abstracto, se encuentra entre los lenguajes de alto nivel y de software. Los lenguajes ensambladores están especialmente adaptados a la compleja arquitectura de los ordenadores. El código ensamblador se convierte en código informático ejecutable mediante una herramienta llamada ensamblador. Los lenguajes de programación de alto nivel son portátiles, pero deben interpretarse o compilarse en un lenguaje de máquina que los ordenadores puedan entender.

Características del lenguaje de programación -

- Un código fuente debe ser rápido de entender y utilizar, con una sólida legibilidad y reconocimiento humano.

- La clasificación es una característica imprescindible para un lenguaje de programación, ya que permite describir un concepto dinámico y luego determinar su funcionalidad.

- Sigue siendo mejor utilizar un lenguaje de programación ligero.

- El rendimiento de un lenguaje de programación debe ser fuerte para que se traduzca rápidamente en código informático y se implemente con un uso mínimo de memoria.

- Un lenguaje de programación debe estar bien diseñado y registrado para que sea apropiado para la creación de aplicaciones.

- Un lenguaje de programación debe disponer de los recursos necesarios para la creación, depuración, comprobación y reparación del software.

- Un lenguaje de programación debe proporcionar un entorno de desarrollo integrado (IDE).

- La gramática y la semántica de un lenguaje de programación se vuelven consistentes.

En este libro de Programación Informática para Principiantes, se centra en un lenguaje de programación, en particular, conocido como C++.

1.2: Por qué el programa

El control de versiones es esencial para conseguir que la máquina realice habilidades como el aprendizaje de la línea de comandos y el establecimiento de buenas prácticas en el desarrollo.

La escritura de programas informáticos, también conocida como "codificación", implica la creación de un conjunto de instrucciones que indican al ordenador cómo actuar. Estas órdenes se escriben en lenguajes técnicos conocidos como "lenguajes de máquina", que pueden ser difíciles de aprender.

Afortunadamente, no es necesario perfeccionarlas para ser productivo; basta con practicar lo suficiente para ser peligroso.

El objetivo de la programación es hacer algo nuevo. Los lenguajes, los ordenadores, los compiladores y los intérpretes son instrumentos para los pintores, incluso para las pinturas. Es un programa para ir a trabajar todos los días excepto los fines de semana. Aunque es más parecido a entrenar una red neuronal, sigue siendo un software. El equivalente electrónico de la programación (codificación) se utiliza principalmente para automatizar procesos y facilitar la colaboración. Pero eso se debe a que nuestros métodos actuales (lenguajes de programación) son demasiado primitivos. Se está trabajando mucho en materia de Inteligencia Artificial en instituciones que, en cambio, se dedican al desarrollo.

La verdad se apoya en la programación. La interpretación en el contexto de todos los hechos disponibles es lo que es la verdad. Sin la programación, no tendríamos Internet, que proporciona a los usuarios una vasta herramienta de acceso público en la que pueden estudiar sobre todo, comparar información y evaluar pruebas, y descubrir verdades brillantes en medio de una turbia piscina de mitos y desinformación. Al final, la verdad ganaría.

La paz se fomenta con la programación. Y en la medida en que es posible un equilibrio de los procesos, se encuentra la paz. Si te preocupas por encontrar las causas de los problemas, nunca tendrás tiempo de ocuparte de los efectos secundarios. Cuando se ve que todo está desequilibrado, un programador puede ponerlo en igualdad y equilibrio haciendo operaciones matemáticas sobre el conjunto. Si los líderes mundiales aspiraran a las habilidades de los ingenieros informáticos, el mundo pronto estaría en paz. La recreación en el ordenador es lo mismo que hacer una simulación informática de las cosas en la realidad. Con el tiempo, se conoce más la estructura del espacio, y la comprensión hace que la estructura sea predecible.

1.3: Introducción a C++

Para los novatos y los programadores menos experimentados, el proceso de aprender la sintaxis y escribir su software en un editor de texto y guardarlo en un compilador de C++/entorno de desarrollo integrado es bastante sencillo, pero poner en marcha el programa con éxito que utiliza C++ es difícil.

Aunque el programa "Hello, World" es el lenguaje de programación más básico que hay que dominar, también constituye un peldaño en la introducción de un programador a la programación.

C++ se diseñó como complemento del lenguaje C para que los programadores adoptaran la programación orientada a objetos. Es imperativo y compilado; ambos son esenciales para el crecimiento a gran escala.

Las ventajas de los lenguajes de alto y bajo nivel, como los proporcionados por un motor nativo o de alto nivel y los proporcionados por un núcleo de dispositivo (juegos, GUI, aplicaciones de escritorio, etc.). Aunque la sintaxis y la semántica de C y C++ son diferentes, su vocabulario y la sintaxis general y la disposición del código son similares.

- Sencillo: Su código es sencillo en el sentido de que el software puede descomponerse en módulos y ofrecerse para que otros lo compongan, y también tiene un amplio soporte para una gran variedad de formas de datos.

- Dependiente de la plataforma, pero independiente de la máquina: en función de las plataformas en las que se reproduzca, se escribe un código ejecutable en C++ que puede funcionar en todos los marcos compatibles que haya.

- Lenguaje de nivel medio: sistemas orientados al usuario de moderados a cotidianos (por ejemplo, controladores de gráficos, pero a menudo crean software orientado al usuario a gran escala (imágenes, juegos multijugador e incluso futuros sustitutos de clientes, incluidos los navegadores web (Photoshop, reproductores multimedia, motores de juegos, etc.)

- Soporte de bibliotecas más rico: ayuda en bibliotecas ricas y potentes (por ejemplo, capaces de realizar algoritmos sofisticados y rápidos) y tienen su código (todo incorporado) y estructuras (Boost)de terceros (bibliotecas que se pueden utilizar para una implementación rápida y potente).

- Velocidad de ejecución: Los sistemas C++ tienen una ventaja significativa en el ritmo de ejecución. Al ser un lenguaje compilado, puede realizar numerosas tareas procedimentales con facilidad. Al diseñar los programas desde cero, se introducen funciones adicionales por defecto y atributos únicos. Esto conduce a la ralentización de la velocidad general de la aplicación. En C++ no hay una sobrecarga computacional adicional, lo que permite que el programa compilado sea rapidísimo.

- Acceso directo y por puntero a la memoria: El acceso por puntero puede utilizarse para ver o cambiar la dirección de los elementos de datos, así como para almacenarlos o encontrarlos. Se puede utilizar para ayudar en tareas de pequeña escala, como la necesidad de control en el almacenamiento de variables.

- Orientado a objetos: La característica distintiva de C es uno de los aspectos vitales del lenguaje; el concepto de programación orientada a objetos en C++ permite diseñar e implementar la mantenibilidad y la flexibilidad. En otras palabras, se pueden construir implementaciones a gran escala. La dificultad de gestionar y mantener el código procedimental aumenta a medida que se incrementa su complejidad. Debido a la compilación de C++ en código máquina, que incluye el proceso de creación de código informático ejecutable, es un lenguaje más rápido. La capacidad de C++ para ser aplicado en diferentes campos, como los sistemas operativos y la programación, tiene diversos usos. En, por ejemplo

- Un sistema operativo basado en Linux, por ejemplo (Ubuntu, etc.)

- encogerse de hombros, dejarse caer y navegar (Chrome y Firefox)

- creatividad y generación de material gráfico y código de juego (Photoshop, Blender, Unreal-Engine)

- Motores de bases de datos basados en software (MySQL, MongoDB, Redis, etc.)

- Sobre la nube y los sistemas distribuidos

1.4: Por qué C++

La nomenclatura de C++ refleja el desarrollo de su lenguaje, específicamente en lo que se refiere a las mejoras con respecto a C. A menudo se conoce como ++, más y uno más.

Gran parte de la funcionalidad específica de los productos se implementó utilizando C++ para ampliar el atractivo del lenguaje en el mercado, ya que otros lenguajes no podían manejar tales implementaciones, por lo que dichos productos tenían poco acceso.

La lista es una recopilación de algunas de las principales aplicaciones de C++.

- Aplicación: Para el crecimiento de los programas C++ modernos, la expansión añade características al lenguaje actual. Las aplicaciones de diseño que se emplean a menudo por la interfaz gráfica de usuario, que es el estándar ahora, incluyen adobe Photoshop y otros. Los programas de Adobe se diseñan con frecuencia utilizando el lenguaje de programación C++ como los gráficos, y las herramientas de edición de vídeo como premiere, Illustrator, y los ingenieros de software de Adobe son influyentes en el grupo C++.

- Juegos: Este código podría ser utilizado para crear una variedad de otros juegos. Si quieres profundizar un poco en los juegos 3D, C++ es el camino. Ayuda a la optimización de los recursos. El uso de más capital mejora la eficiencia. Si se configuran las opciones multijugador, será apto para el trabajo en red. C++ varias tareas de programación procedimental se han trasladado a otras más intensivas desde el punto de vista computacional. Han permitido que se manejen de forma más directa, por lo que resulta útil para los motores que se utilizan para muchos tipos de juegos diferentes. C++ se utiliza habitualmente en el diseño de las suites de herramientas de los motores para juegos.

- Animaciones: Existen herramientas de desarrollo en C++, que se animan con técnicas 3D propias. Las aplicaciones de animación tridimensional, modelado, simulación y renderizado son herramientas valiosas y eficaces. C++ es especialmente beneficioso en aplicaciones basadas en sensores móviles, modelado gráfico y procesamiento de imágenes; otras aplicaciones típicas incluyen simulaciones en tiempo real o en el mundo real. Los sistemas de realidad virtual (RV) son cada vez más comunes en la industria del entretenimiento que sus homólogos del mundo real (RDoC).

- S.O. (Sistemas Operativos): Además de los sistemas operativos, se utiliza para diseñar gran parte del software de Microsoft, así como para servir como parte de la base de algunos de Apple. Tanto Symbian O.S. como Microsoft Windows 95, 98, 2000, XP, NWS e Internet Explorer utilizan principalmente el mismo lenguaje de programación, C++.

- Desarrollo de reproductores de vídeo y audio: Este uso de C++ se utiliza para crear reproductores de vídeo y audio, y archivos multimedia. Por ejemplo, el reproductor multimedia, llamado Winamp, fue creado en C++, que nos permite disfrutar de la música y acceder y compartir los vídeos. Las características adicionales proporcionan una capacidad de transmisión de audio y visual, como la transmisión de música e imágenes. Como características adicionales, también te da acceso a las emisoras de radio de Internet.

- Compiladores de C++: Algunos de los principales lenguajes de programación informática utilizan compiladores de código fuente escritos principalmente en C++ para otros lenguajes como C#, Java, etc. A menudo se utiliza en la creación de estos marcos, así como es independiente de la plataforma en C ++, lo que permite crear una multitud de programas diferentes.

- Acceso a bases de datos: Aunque el lenguaje y los programas pueden ayudar a construir bases de datos, esto se utiliza principalmente para construir aplicaciones o desarrollar aplicaciones de bases de datos de código abierto. MySQL es uno de los sistemas de gestión de bases de datos (DBMS) más extendidos. Este sistema se utiliza mucho en los negocios y en las empresas. Además, ayuda a reducir el tiempo, los recursos y los costes de software y apoya las estrategias de expansión del mercado. Otra ventaja fabulosa es que el SGBD permite suministrar datos financieros actuales e históricos a los accionistas en tiempo real. Casi todos los artículos de noticias son accedidos o producidos por los datos en la economía mundial en las finanzas, y una empresa en C ++ se utiliza para rápidamente y con precisión.

- Escáneres: El escáner o escáner de cámara digital, o ambos, se construyó en el lenguaje C++. Se utiliza como parte de la publicación de documentos y potencia la tecnología PDF, facilitando la catalogación y la impresión.

- Navegadores web: Este dialecto se utiliza para crear tanto complementos del navegador como navegadores web independientes. Se utiliza C++ para renderizar Google Chrome y Firefox y ampliarlos a una plataforma web y de aplicaciones universal. El mapa disminuye, y el procesamiento de datos de clústeres extensos se realiza de varias maneras. Algunos de los programas manipulan los datos a través de C++, lo que significa que el mapa lo hace de varias maneras para realizar diferentes tareas. Otros, en cambio, manejan los datos extensos del clúster mediante sistemas de archivos. Además del programa cliente de correo electrónico de Mozilla, Mozilla Thunderbird lo ha escrito incluso en C++. Además de esto, los programas de código abierto de Mozilla y Google, C++, se incluyen en aplicaciones propietarias y de código abierto.

- Usos adicionales: En este y otros usos similares, estos métodos de obtención de imágenes se utilizan a menudo en clínicas, municipios, estados y otros organismos de fabricación, pero también pueden utilizarse para la minería, la ingeniería civil, la gestión de activos y la supervisión medioambiental. Dado que C++ se utiliza en el diseño de la mayoría de los programas informáticos de rendimiento crítico, suele ser la primera opción en las preferencias de lenguaje de programación de una aplicación.

La popularidad de C++ se debe a su amplia disponibilidad; es frecuente encontrarlo en la programación de máquinas y en las aplicaciones integradas. En este contexto, el término "programación de máquinas" se refiere al diseño de los sistemas operativos (S.O.) o controladores utilizados para comunicarse con el hardware. Los sistemas embebidos se refieren a los objetos que son coches, robots y otros equipos o dispositivos mecánicos que se instalan dentro de todo. Cuando la cultura de los desarrolladores y sus recursos son todos ricos, es una gran comunidad en la que estar. El proceso de contratación de desarrolladores en plataformas y aplicaciones web es más sencillo.

C++ está vinculado al "código más seguro" debido a las numerosas salvaguardias y a su funcionalidad única. Es el primer dialecto para iniciar el estudio de un experto en desarrollo. Todo lo que hay que hacer es estudiar los conceptos de sintaxis y la sintaxis, por lo que es sencillo y básico. Tiene una sintaxis básica, que es amigable para la escritura o desarrollo de código. Es relativamente sencillo, por lo que podemos codificar o programar en él sin dificultad. Antes de aprender otros lenguajes de programación, los desarrolladores suelen pasar por una fase de aprendizaje de C++. C++ es el lenguaje preferido por la mayoría de los programadores informáticos debido a su uso generalizado, su amplia accesibilidad; se utiliza en muchos dispositivos y en muchas otras aplicaciones de software y es lo que la mayoría de ellos elige utilizar.

Capítulo 2: Cómo funciona C++

2.1: Cómo empezar

Configuración del compilador

Puedes empezar a programar en varios compiladores de C++ como Visual Studio Code, Dev C++, Visual Studio, compiladores en línea, etc. En este libro, utilizamos habitualmente Visual Studio Code (VS Code).

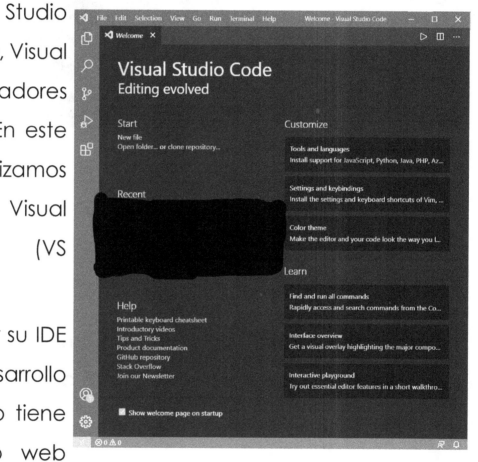

Para configurar su IDE (Entorno de Desarrollo Integrado), sólo tiene que ir al sitio web oficial de Visual Studio para el código VS.

En VS Code, puedes instalar todas las extensiones necesarias para C++ escribiendo C++ en la barra de búsqueda de la aplicación. Asegúrese de que su aplicación de consola está en funcionamiento para las salidas de su programa, y ya está listo para ir!

Tu consola debería tener un aspecto similar al siguiente:

1. Haga clic en Abrir Carpeta

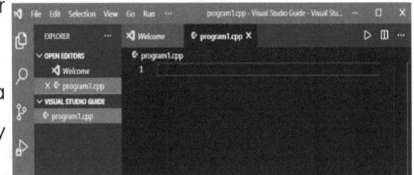

2. Cree una nueva carpeta y seleccione

3. Una vez seleccionado, haz clic en Nuevo archivo, y nombra tu primer programa C++. Asegúrate de que la extensión del archivo dice '.cpp' o no funcionará.

4. Haz clic en el botón de entrada.

Puedes utilizar cualquier compilador siempre que sea la última versión, para no quedarte con versiones antiguas y con errores.

Comentarios

Una buena norma de programación sostiene que un programa bien formateado es crucial. La ampliación de un fragmento de código puede ayudar a que el software sea más comprensible y a que la corrección de errores sea mucho más sencilla. Añadir un comentario al código es un aspecto vital de la documentación adecuada. Un comentario es un texto utilizado en el código fuente que puede ser interpretado por los programadores, a diferencia del texto que sólo pueden entender los usuarios o personas ajenas a la empresa. Algunas frases no son compiladas ni interpretadas por el compilador o el intérprete.

Añade un comentario así:

```
/Este es un comentario que no afectará al código en general.
Utilice //dobles barras para añadir sólo una frase de texto.

/* Pero si desea añadir un párrafo, añada una barra invertida'/',
y luego un asterisco '*' a cada lado de su texto. */
```

Utilizamos estos comentarios a lo largo del libro para explicar piezas de código.

2.2: Su primer programa

C++ incluye bibliotecas que tienen varios métodos para manejar la entrada y la salida. Hay formas más generalmente aceptadas de expresar un cálculo en C++ como una serie de bytes o como lo que se considera más ampliamente un procesamiento basado en flujos. Cin y Cout son comunes entre las líneas de comando y la comunicación en las aplicaciones orientadas a una sola persona, ya que es bastante común recibir información y datos de salida desde la línea de comando.

Programa:

```
/Un programa sencillo


#include <iostream>//archivo de cabecera

using namespace std;


int main(){

   cout<<"¡Este es mi primer programa C++!";

//muestra "¡Este es mi primer programa C++!"

}
```

La salida:

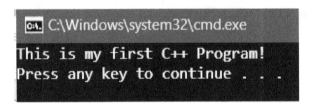

#include <iostream>

Cada línea que comienza con '#' se denomina directiva; el preprocesador las procesa para ser invocadas por el compilador.

Es un archivo de cabecera, 'iostream' se refiere al flujo de entrada-salida, y se utiliza para las funciones de entrada y salida.

Utilizando el espacio de nombres std;

Esta declaración importa el espacio de nombres std en el programa, por lo que no es necesario escribir 'std' antes de cada entrada y salida, por lo que se prefiere por comodidad.

Int main(){...}

Esta línea declara una función llamada "main" que devuelve resultados de tipo entero. Las funciones son conjuntos de declaraciones que se conciben para completar una asignación específica. El modelo tradicional es cualquier programa C++ que comienza con esta función clave, aunque no esté cerca del inicio. Sin una función main(), no hay programas C++ válidos.

Las llaves' { }' denotan el comienzo y el final de la función principal.

cout<< "..."

Esta declaración muestra cualquier cosa entre las citas en la pantalla para que el usuario la vea.

Indentaciones

Si ves, las declaraciones cout y return están siendo sangradas o desplazadas a la página derecha. Esto mejora la legibilidad del código. Puede no parecer relevante en un software como éste, pero permite que el código sea más comprensible y menos propenso a errores cuando las aplicaciones se vuelven más sofisticadas. Por ello, hay que seguir utilizando las sangrías y las anotaciones para que el código sea más comprensible.

2.3: Entrada y salida

C++ tiene bibliotecas que incluyen varios métodos para ejecutar la entrada y la salida. En C++, la entrada y la salida se describen como una serie de bytes, a menudo conocidos como flujos.

El flujo de entrada es un método llamado de entrada si el flujo de bytes es del ordenador (por ejemplo, un teclado) a la memoria principal.

El mecanismo de flujo de salida se denomina salida si el flujo de bytes está en la dirección opuesta, es decir, de la memoria principal al monitor (pantalla de visualización).

Los siguientes archivos de cabecera son necesarios en C++ para las operaciones de entrada y salida:

- iostream: iostream es una abreviatura de un tubo de entrada-salida normal. Este archivo de cabecera incluye especificaciones para propiedades como cin, cout, cerr, etc.

- fstream: Este archivo de cabecera define el flujo de archivos en detalle. Este archivo de cabecera gestiona los datos que se interpretan de un nombre de archivo como entrada o se insertan en un archivo como salida.

- iomanip: iomanip es la abreviatura de manipuladores de entrada-salida. Los flujos se manipulan utilizando los métodos declarados en estos archivos. Este archivo incluye los significados de setprecision, setw y otros términos.

Las palabras clave de C++ cout y cin se utilizan frecuentemente para imprimir salidas y recibir entradas. En C++, estas son quizás las formas más fundamentales para aceptar entradas y mostrar datos. Para utilizar cout y cin, el archivo de cabecera, 'iostream,' debe ser incluido en el paquete.

Pruebe usted mismo este código:

```cpp
//Programa de entrada y salida
#include <iostream>
using namespace std;


int main(){
    int edad;//esta es una declaración de variable de tipo
entero.
    cout<<"¿Cuántos años tienes?";
```

```
    cin>>edad;//esto permite al usuario introducir datos.

    cout<<"Tienes "<<edad<<" años de edad";

}
```

La salida:

2.4: Modificadores y tipos de datos

Un tipo de dato se utiliza para todas las variables a lo largo de la declaración para limitar el tipo de datos que pueden ser procesados. Como resultado, podemos asumir que los tipos de datos se utilizan para notificar a las variables sobre el tipo de datos que pueden contener. Cuando se crea una variable en C++, el compilador le asigna memoria en función del tipo de datos para el que se declara. Cada forma de datos necesita un tamaño específico de memoria.

Tipos de datos primitivos

Estos tipos de datos están predefinidos para que el usuario pueda utilizarlos para declarar variables directamente. Por ejemplo, int, float, bool, char, etc. Las siguientes formas de datos primitivos son accesibles en C++:

- entero

- void

- carácter amplio

- Personaje

- Booleano

- Puntos flotantes dobles

- punto flotante

- carácter amplio

Tipo de dato derivado

Son tipos de datos derivados de los tipos de datos incorporados (por ejemplo, int, char)

- Función

- Puntero

- Referencia

- Array

Las categorías de datos abstractos o identificados por el usuario

Tipos de datos que el usuario elige. Por ejemplo, en C++, se puede definir una clase o una estructura.

- Enumeración

- Clase

- Unión

- Estructura

- Typedef

Tipos de datos primitivos

1. Entero (int): El término 'int' se utiliza para las clases de datos enteros. Los enteros ocupan normalmente 4 bytes de espacio de almacenamiento y tienen valores que oscilan entre -2147483648 y 2147483647.

2. Carácter (char): La forma de datos character se utiliza para almacenar caracteres. El tipo de datos forma se denota con el término 'char'. Los caracteres ocupan normalmente un byte de espacio de almacenamiento y varían de -128 a 127 o de 0 a 255.

3. Booleano (bool): La forma de datos booleana se utiliza para almacenar cantidades racionales o booleanas. Una

variable booleana sólo puede almacenar valores verdaderos o falsos. La palabra clave para los datos booleanos es 'bool'.

4. Punto flotante (float): La forma de almacenamiento de punto flotante almacena valores de punto flotante de cifras decimales. La palabra para los datos de punto flotante es 'float'. Las variables de punto flotante ocupan normalmente hasta 4 bytes de espacio de memoria.

5. Punto flotante doble (double): La forma de datos de punto flotante doble se utiliza para almacenar valores de punto flotante de doble decimal. El término "double" se utiliza para describir el tipo de datos. Las variables dobles ocupan normalmente 8 bytes de almacenamiento.

6. Vacío (void): El término 'void' se refiere a algo que no tiene significado. El tipo de datos denota un objeto sin significado. La forma de datos Void se utiliza para funciones que no devuelven ningún resultado o valor.

7. Carácter ancho (wchar_t): Esta forma de datos es un tipo de datos de caracteres que es más grande que el tipo de datos estándar de 8 bits. 'wchar_t' lo representa. Un carácter ancho puede tener una longitud de 2 o 4 bytes.

Modificadores de tipo de datos

Los modificadores de tipo de datos alteran el tamaño de los datos que puede llevar un tipo de datos específico.

Corto	Largo	Sin firma	Firmado
	Entero	Entero	Entero
Entero	Doble	Corto (prefijo)	Largo (prefijo)
		Char	Char

Hay un total de 4 tipos en C++.

1. Corto

2. Largo

3. Sin firma

4. Firmado

Tipo de datos	Tamaño en Bytes	Gama
Int. corto	2	-32,768 a 32,767
Unsigned short int	2	0 a 65.535
Int sin signo	4	0 a 4.294.967.295
Int	4	-2.147.483.648 a 2.147.483.647
Long int	8	-2.147.483.648 a 2.147.483.647
Unsigned long int	8	0 a 4.294.967.295
Long long int	8	-2^{63} a $(2^{63})-1$
Unsigned long long int	8	0 a 0 a 18.446.744.073.709.551.615

Flotador	4	
Doble	8	
Doble largo	12	
Carta firmada	1	-128 a 127
Carácter sin signo	1	0 a 255
Wchar_t	2, o 4	1 Carácter ancho

El rango y los tamaños pueden ser diferentes dependiendo de su compilador.

Para comprobar el tamaño de los tipos de datos en el compilador elegido, puede utilizar una función incorporada que muestra el tamaño del tipo de datos; esta función incorporada que utilizará se llama sizeof().

```
//programa que muestra los tamaños de los tipos de datos.
#include <iostream>
using namespace std;
```

```cpp
int main(){

//escribe la función sin comillas, y dentro del paréntesis, escribe
el tipo de datos.

    cout<<"Tamaño del entero: "<<sizeof(int)<<" bytes."<<endl;

    cout<<"Tamaño del carácter: "<<sizeof(char)<<"
bytes."<<endl;

    cout<<"Tamaño del entero corto: "<<sizeof(short int)<<"
bytes."<<endl;

    cout<<"Tamaño del entero largo: "<<sizeof(long int)<<"
bytes."<<endl;

    cout<<"Tamaño del carácter ancho: "<<sizeof(wchar_t)<<"
bytes."<<endl;

    cout<<"Tamaño del entero largo: "<<sizeof(signed long int)<<"
bytes."<<endl;

    cout<<"Tamaño del entero unsigned long: "<<sizeof(unsigned
long int)<<" bytes."<<endl;

    cout<<"Tamaño del flotador: "<<sizeof(float)<<" bytes."<<endl;

    cout<<"Tamaño del doble: "<<sizeof(double)<<"
bytes."<<endl;
```

```cpp
    cout<<"Tamaño del booleano: "<<sizeof(bool)<<"
bytes."<<endl;
/*Usa 'endl' sin comillas o '\n' con comillas para mover el cursor
a la siguiente línea. Esto dará a su aplicación de consola un
aspecto más limpio*/

}
```

La salida:

```
C:\Windows\system32\cmd.exe
Size of integer: 4 bytes.
Size of character: 1 bytes.
Size of short integer: 2 bytes.
Size of long integer: 4 bytes.
Size of wide character: 2 bytes.
Size of long integer: 4 bytes.
Size of unsigned long integer: 4 bytes.
Size of float: 4 bytes.
Size of double: 8 bytes.
Size of boolean: 1 bytes.

Press any key to continue . . .
```

2.5: Variables

Un valor que se asigna a un lugar de memoria se conoce como
variable. Es el dispositivo de almacenamiento fundamental en
un programa.

Las propiedades de una variable incluyen:

1. Durante la ejecución del software, los valores contenidos en una variable pueden modificarse.

2. Una variable es simplemente la definición asignada a una posición de memoria; todas las operaciones realizadas sobre la variable afectan a esa posición de memoria.

3. Ambas variables en C++ también deben ser declaradas antes de ser incluidas.

```
int var1;
```

'var1' es una variable de tipo entero. Esta línea define la variable. El valor de var1 puede ser modificado en cualquier momento del programa. Los nombres de las variables no pueden tener espacios entre ellos (por ejemplo, var 1). Si el espacio es necesario, entonces puede escribir var_1.

La declaración de la variable es la sección en la que se declara inicialmente una variable o se añade antes de utilizarla por primera vez. La descripción de la variable es una sección en la que se le da a la variable una posición de almacenamiento y un valor. La declaración y la especificación de los factores suelen realizarse de forma conjunta.

- Variables locales

Una variable local se especifica dentro de un bloque, función u objeto de función.

Estas variables se generan cuando se alcanza el bloque o se llama a la función, y se descartan cuando se sale del bloque, o la llamada vuelve de la función.

La definición de estas variables está limitada al marco en el que se declaran. Es decir, sólo se pueden modificar estas variables dentro de ese bloque.

- Variables globales

Las variables globales pueden utilizarse en cualquier punto del programa, ya que no se encuentran en ningún bloque de código ni en una función específica. Se puede manipular y utilizar en cualquier lugar.

Por ejemplo:

```
/Programa de declaración de variables.
#include <iostream>
using namespace std;
int variable_1;//variable global
int main(){
int variable_2;//variable local
```

```
}
```

2.6: Constantes

Una constante es un término que se da a un valor que no se puede cambiar a lo largo del programa, un valor fijo. Hay varios tipos de constantes como enteros, octales, flotantes, caracteres, cadenas, etc. Cada constante tiene un rango determinado dependiendo del tipo de datos de la constante.

Para ello se utiliza la palabra clave "const".

Definir la constante:

- Palabra clave "const".

- Directiva del preprocesador '#define'

Literales

Cualquier valor dedicado a cada variable constante se considera literal.

es decir, const float var1=3

aquí, la declaración es una expresión constante, donde '3' es un literal entero constante.

Const

const (tipo de dato) (nombre_variable)=(valor a asignar);

```
/Programa de declaración de variables.

#include <iostream>

using namespace std;

int main(){

    const int variable=10;

    cout<<variable;//imprime 10

    variable=variable+2;//ERROR. si se intenta modificar el valor
de la constante se genera un error de sintaxis

}
```

#define

Esta es una directiva que se utiliza cuando se necesita declarar un término alternativo para un valor ya existente.

```
/Programa de declaración de variables.

#include <iostream>

using namespace std;

#define val_1 3

#define val_2 'A'

#define val_3 3.142

int main(){
```

```
    cout<< val_1<<endl<< val_2<<endl<< val_3;

}
```

Salida

Capítulo 3: Normas básicas y aplicación

3.1: Operaciones aritméticas y lógicas

Operadores aritméticos

Los operadores son los componentes básicos de todo lenguaje de programación.

Como resultado, incluso sin el uso de operadores, la compatibilidad del lenguaje de programación C++ es inadecuada. Los operadores pueden describirse como identificadores que nos permiten realizar determinados cálculos matemáticos o lógicos sobre los operandos. En otras palabras, un operador controla los operandos.

Hay dos tipos de operadores aritméticos:

1. Operadores unarios: Son los operadores que funcionan mediante el uso de un solo operando. (es decir, --, ++).

2. Operadores binarios: Son operadores que funcionan sobre 2 operandos. (es decir, -, +, /, *)

```
/Programa que realiza operaciones aritméticas

#include <iostream>

using namespace std;
```

```cpp
int main(){

    int suma=0;

    float val_1=23, val_2=56;

    //operadores unitarios

    cout<<++val_1<<" vs. "<<val_1++;//post y pre fix

    //Operadores binarios

    suma=val_1+val_2;

    cout<<endl<<val_1+val_2;

    cout<<endl<<suma;

    int diff;

    diff=val_1-val_1;

    cout<<endl<<diff;

    cout<<endl<<val_2/2<<endl<<val_1/val_2;

}
```

Salida

```
C:\Windows\system32\cmd.exe
24 vs. 24
81
81
0
28
0.446429
Press any key to continue . . .
```

Operadores relacionales

Se utiliza cuando es necesario comparar dos variables. Se comparan dos variables o más cuando se utilizan sentencias de decisión normalmente, o en bucles, etc.

(es decir, == igual a, >= mayor o igual a, <= menor o igual a, etc.)

Operadores lógicos

Los operadores lógicos se utilizan para fusionar dos o más circunstancias o para complementar el análisis del estado inicial. El producto de la acción de un operador lógico es un valor booleano que es verdadero o falso. Por ejemplo, el operador lógico AND (definido como '&&') devuelve verdadero cuando se cumplen todos los requisitos evaluados. En caso contrario, devuelve falso. En consecuencia, a && b devuelve verdadero si tanto A como B son verdaderos (es decir, altos).

Operador	Descripción	Asociatividad
[]	Paréntesis (subíndice de la matriz)	
()	Paréntesis (llamada a la función)	de izquierda

		a derecha
.	Selección de miembros mediante el nombre del objeto	
->	Selección de miembros a través de un puntero	
++/–	Aumento/disminución del prefijo	de derecha a izquierda
++/–	Aumento/disminución de postfix	
+/-	Unario más/menos	
!~	Negación lógica/complemento de bits	
(tipo)	Convertir valores en un valor temporal de un tipo)	
tamañ o de	Encuentra el tamaño en bytes	

*	Dereferencia o puntero	
&	Dirección de memoria (del operando)	
+/-	Suma/resta	de izquierda a derecha
*,/,%	Multiplicación/división/módulo	de izquierda a derecha
>>, <<	Desplazamiento a la derecha, desplazamiento a la izquierda	de izquierda a derecha
< =, <	menos de, o igual a / menos de	de izquierda a derecha

>= , >	mayor o igual que / mayor que	de izquierda a derecha
!= , ==	no es igual a / Relacional es igual a	de izquierda a derecha
^	OR exclusivo a nivel de bits	de izquierda a derecha
|	OR inclusivo a nivel de bits	de izquierda a derecha
||	O lógico	de izquierda a derecha

&	AND a nivel de bits	de izquierda a derecha
&&	Y lógica	de izquierda a derecha
?:	Condicional ternario	de derecha a izquierda
=	Asignación	de derecha a izquierda
+= , -=	Asignación de sumas y restas	
*= , /=	Asignación de multiplicación/división	

^= , |=	Asignación OR exclusiva/inclusiva a nivel de bit	
%= , &=	Asignación de módulo/bitwise AND	
<>=	Asignación de desplazamiento bit a la izquierda/derecha	
,	separador de expresiones	

3.2: Declaraciones de decisión

En la vida cotidiana, hay momentos en los que debemos tomar decisiones y determinar hacia dónde ir a continuación, en función de esas decisiones. Existen condiciones similares en la codificación, en la que debemos tomar decisiones y luego implementar el siguiente fragmento de código en función de esas decisiones. En C++, por ejemplo, si A existe, entonces ejecuta B; de lo contrario, ejecuta C. También puede haber diferentes circunstancias, como en C++: si la condición A existe, entonces ejecuta X; de lo contrario, si la condición B ocurre, ejecuta Y; de lo contrario, ejecuta Z. Esta condición C++ else-if está entre las formas de implementar diferentes condiciones.

En C++, los comentarios de decisión determinan el flujo de ejecución del programa. Existen las declaraciones de decisión que se pueden utilizar:

1. Declaraciones If...else

2. Declaraciones de cambio de caso

3. Declaraciones de salto

Declaraciones de si

Las sentencias if son el método de decisión más sencillo. Se utiliza para establecer si se pueden ejecutar o no determinadas sentencias o colecciones de comandos (es decir, si un determinado requisito es válido, entonces se ejecuta un grupo de código; en caso contrario, no).

```cpp
#include <iostream>
using namespace std;


int main(){
    si (/* condición */)

    {
```

```
    /* código */

  }

}
```

El resultado de la condición sería 1 o 0. Las declaraciones if en C++ reconocen los valores booleanos - si el significado es válido, la serie de código debajo de él se ejecutará; de lo contrario, no lo haría. Si no tiene las llaves' {' y'}' después de la condición if(condition), la declaración if se referiría a la primera declaración directamente debajo de ella para estar dentro de su grupo por diseño.

```
#include <iostream>
using namespace std;
int main(){
    float val1, val2;
    cout<<"Introduce un número: ";
    cin>>val1;
    cout<<"Introduce otro número: ";
    cin>>val2;
    si (val1>val2)
    {
```

```cpp
        cout<<val1<<" es mayor que "<<val2;

    }

    else if(val1<val2)

    {

        cout<<val1<<" es menor que "<<val2;

    }

    else//en cualquier otra condición:

    {

        cout<<val1<<"="<<val2;

    }

}
```

Salida

```
C:\Windows\system32\cmd.exe
Enter a number: 23
Enter another number: 5
23 is greater than 5
Press any key to continue . . .
```

If anidado: En C++, un comando if anidado es aquel que es el objetivo de otro comando if. Los comandos if anidados son comandos if que están anidados dentro de otro argumento if.

C++ te permite escribir sentencias if dentro de más sentencias if, (es decir, puedes poner una sentencia if dentro de otra).

```cpp
#include <iostream>

using namespace std;

int main(){

    int x=5;

    int y=12;

    if (x<y)//declaración if

    {

        cout<<"\nx es menor que y";

        if (x!=y)//supuesto anidado

        {

            cout<<"\nx="<<x<<" no es igual a y="<<y<<" \n";

            si (¡x+1!=y)//segundo if anidado

            {

                cout<<x+1<<" no es igual a "<<y;

            }

        }

    }
```

```
}
```

La salida:

```
C:\Windows\system32\cmd.exe

x is lesser than y
x=5 is not equal to y=12
6 is not equal to 12
Press any key to continue . . .
```

Declaraciones Switch Case

Las largas sentencias if que equiparan un atributo a múltiples valores integrales se sustituyen por sentencias switch-case.

Los comandos switch son un ejemplo de sentencia de bifurcación múltiple. Le permite dirigir fácilmente la ejecución a varias secciones de código en función del valor de la entrada.

Una sentencia switch es un comando de control que requiere un valor para cambiar el control de ejecución.

```cpp
#include <iostream>
using namespace std;
int main(){
    int val1;
```

```
cout<<"Introduce un número: ";

cin>>val1;

switch (val1)/declaración de cambio para la expresión val1

{

caso 0://en caso de que val1 sea 0:

    cout<<"el valor es 0";

    break;//las declaraciones de ruptura terminan el bloque
de código para el caso 0

    caso 5:

cout<<"el valor es 5";

romper;

default://caso por defecto cuando ningún otro caso
coincide

cout<<"el valor no es 0 o 5";

    romper;

}

}
```

La salida:

```
C:\Windows\system32\cmd.exe
Enter a number: 3
value is not 0 or 5
Press any key to continue . . .
```

- La frase del conmutador debe devolver un valor constante; de lo contrario, no es válida.

- No se permiten las propiedades de los casos que se duplican.

- El comando "por defecto" no es necesario.

- Si la declaración del caso de giro no tuviera un comando por defecto, funcionaría normalmente.

- Para finalizar un conjunto de sentencias, utilice la palabra clave "break" dentro del giro. Cuando se cumple una orden de ruptura, se termina la transición, y el comando se transfiere a la línea después de los comandos de conmutación.

- Los comandos de pausa no son necesarios. Si este campo se deja en blanco, la ejecución pasará al siguiente evento. El control puede dirigirse en las siguientes situaciones antes de que se produzca una pausa.

- Las órdenes de conmutación pueden estar anidadas, lo que implica que pueden incluirse dentro de otro argumento de conmutación. Las sentencias switch anidadas, por otro lado, deben evitarse ya que hacen que el software sea más dinámico y menos comprensible.

Declaraciones de salto

1. C++' continue': Esta sentencia de control del bucle (los bucles se explicarán con más detalle en 3.3) funciona de la misma manera que la sentencia 'break'. La sentencia continue es la inversa de la orden break en el sentido de que hace que el bucle realice la siguiente iteración en lugar de finalizarla. Como su nombre indica, la sentencia continue hace que el bucle continúe o realice su siguiente iteración. Siempre que la sentencia continue se realiza dentro del bucle, se omite el programa que acompaña a la sentencia continue, por lo que comienza la iteración anterior del bucle.

    continuar;

2. C++' break': Este comando de control de bucle en C++ se utiliza para terminar el bucle. Cuando se encuentra una sentencia break dentro de un bucle, las iteraciones del bucle terminan, y se devuelve la influencia del bucle al primer comando después del bucle.

    romper;

3. Declaración goto: en C++, se conoce a menudo como el comando de salto arbitrario, y se puede utilizar para transferir el control de una ubicación a otra en un bloque de código.

```
repite:

cout<< "Introduce un número: ";

cin>>val1;

repite;
```

- goto (identificadorNombre);

4. Declaración de retorno: La sentencia return en C++ devuelve el movimiento de la invocación de la función al lugar donde fue nombrada. Además, no tiene ninguna sentencia condicional que sea necesaria. Una vez ejecutada la sentencia, el progreso del código se detiene automáticamente. Un valor de retorno debe ser devuelto para cada función no vacía, no importa lo que sea. Las funciones se explicarán en detalle en 3.5.

```
devolver /*valor*/;
```

3.3: Bucles

Puede utilizar los bucles en la codificación cuando necesite repetir un gran número de comandos.

Después de realizar una acción, como recuperar y modificar datos, se revisa un estado, como por ejemplo si un contador ha alcanzado un valor predeterminado (es decir, el bucle ha terminado cuando el usuario introduce un determinado valor).

Si el contador no supera el valor objetivo, la siguiente sentencia del programa vuelve a la primera sentencia del programa y la repite.

Si se cumple el criterio, la siguiente sentencia "pasa" a la siguiente sentencia consecutiva o se divide más allá del bucle.

Los bucles pueden dividirse en dos categorías:

1. Bucles regulados de entrada: El estado de prueba se comprueba antes de entrar en el código del bucle. Los bucles de entrada, como el bucle For y el bucle While, son bucles de entrada regulada.

2. Salida de bucles regulados: El estado de prueba se comprueba o valida al final del cuerpo del bucle. Como resultado, independientemente de si el estado de prueba es válido o incorrecto, el programa del bucle puede ejecutarse al menos una vez. El bucle con salida regulada se conoce como bucle do-while.

Para el bucle

Este bucle es un sistema de control de repetición que ayuda a crear un bucle que ejecuta un número determinado de instancias. El bucle permite ejecutar un número arbitrario de pasos en un solo hilo.

Declaración de inicialización: En esta línea de código debes establecer la cuenta del bucle a una cantidad. por ejemplo, int i=0;

Declaración de prueba: Usted probaría la condición en esta declaración. Si la condición se encuentra verdadera, el bloque de código dentro del bucle se ejecutará, y usted procederá a la declaración actualizada; de lo contrario, el bucle for se terminará. Considere el siguiente escenario: i=10;

Expresión de actualización: esta declaración incrementa/decrementa el contador del bucle en cualquier cantidad después de que se ejecute el cuerpo del bucle según el programador. por ejemplo, i++;

Ahora el valor de 'i' se convierte en i=11, pasando a la siguiente iteración.

El formato del bucle For es el siguiente:

```
#include <iostream>
```

```cpp
using namespace std;

int main(){

    for (datatype variable_name = 0; variable < count;
variable_name++)//la declaración de inicialización, la
declaración de prueba y la expresión de actualización,
pueden variar

    {

        /* código para ser repetidor */

    }

}
```

Por ejemplo:

```cpp
#include <iostream>

using namespace std;

int main(){

    int val1;

    cout<<"Introduzca un valor que desee aumentar en 5, 5
veces: ";

    cin>>val1;

    for (int i = 0; i < 5; i++)//inicio del bucle for. de la cuenta i=0 a
i=4
```

```
    {

        val1=val1+5;//incrementar en 5

        cout<<"\NEn el bucle "<<i+1<<" el valor es:
"<<val1<<endl;//imprime el valor actualizado.

    }

    // finaliza el bucle una vez que i=5

}
```

La salida:

Al igual que las sentencias if anidadas, también se pueden anidar bucles.

Bucle While

Al investigar los bucles, descubriste que el número de iteraciones se conoce de antemano (es decir, el número de veces que debe repetirse el cuerpo del bucle). Sin embargo, los bucles se han utilizado en casos en los que el número exacto de iteraciones del bucle se desconoce de antemano. En base al método de prueba, la operación de bucle se interrumpe.

El formato de este bucle es el siguiente:

```cpp
#include <iostream>

using namespace std;

int main(){

    while (/* condición */)

    {

        /* código */

        //actualización de la declaración de expresión

    }

}
```

Por ejemplo:

```cpp
#include <iostream>

using namespace std;

#include <cmath>//este es un archivo de cabecera que
permite a un programador utilizar 'funciones incorporadas'
relevantes para las matemáticas, como realizar la potencia de
una variable, etc.
```

```cpp
int main(){

    int count=0;//Llevará la cuenta del número de veces que el
usuario ha repetido el programa

    float val=0;//inicialmente se da 0 para que el programa entre
en el bucle. float para tender a valores decimales también

    área de flotación;

    while (val!=-1)//mientras val no sea igual a -1, do:

    {

        cout<<"\NIngresa la longitud de un cuadrado para
encontrar su área. ingresa -1 para salir:\N";

        cin>>val;

        area=pow(val,2);//pow() es una función incorporada, las
funciones se explicarán en detalle más adelante en el libro. Por
ahora, se pasa el nombre de la variable y el valor de power
que luego almacena la respuesta de val^2 en area.

        cout<<"\nÁrea de "<<val<<" = "<<área<<<"cm^2\n";

        count++;//incrementa el valor de count. también puede
escribirse como count=count+1

    }// fin del bucle while
```

```
    cout<<"\NEste bucle while se ha repetido "<<cuenta<<"
veces";

}
```

La salida:

```
C:\Windows\system32\cmd.exe

Enter the length of a square to find its area. enter -1 to exit:
2

Area of 2 = 4cm^2

Enter the length of a square to find its area. enter -1 to exit:
3

Area of 3 = 9cm^2

Enter the length of a square to find its area. enter -1 to exit:
7

Area of 7 = 49cm^2

Enter the length of a square to find its area. enter -1 to exit:
5

Area of 5 = 25cm^2

Enter the length of a square to find its area. enter -1 to exit:
-1

Area of -1 = 1cm^2

This while loop was repeated 5 times.
Press any key to continue . . .
```

Como puede ver, el bucle while se repitió 5 veces, incluso cuando el usuario introdujo -1. Esto se debe a que la entrada fue tomada dentro del bucle y justo después se mostró el cálculo y el área. Por lo tanto, si desea asegurarse de que el bucle termina tan pronto como se introduce -1, intente esto:

```cpp
#include <iostream>

using namespace std;

#include <cmath>

int main(){

    int count=0;

    float val;

    área de flotación;

    //también al principio, para entrar en el bucle, si no
calcularía el área del lado 0

    cout<<"\NIngresa la longitud de un cuadrado para
encontrar su área. ingresa -1 para salir:\N";

    cin>>val;

    while (val!=-1)//mientras val no sea igual a -1, do:

    {

        área=pow(val,2);

        cout<<"\nÁrea de "<<val<<" = "<<área<<<"cm^2\n";

        cuenta++;

        cout<<"\NIngresa la longitud de un cuadrado para
encontrar su área. ingresa -1 para salir:\N";
```

```
        cin>>val;//poniendo la entrada al final hará que el bucle
compruebe si el valor no es -1 al principio

    }

    cout<<"\NEste bucle while se ha repetido "<<cuenta<<"
veces";

}
```

La salida:

```
C:\Windows\system32\cmd.exe

Enter the length of a square to find its area. enter -1 to exit:
2

Area of 2 = 4cm^2

Enter the length of a square to find its area. enter -1 to exit:
3

Area of 3 = 9cm^2

Enter the length of a square to find its area. enter -1 to exit:
4

Area of 4 = 16cm^2

Enter the length of a square to find its area. enter -1 to exit:
5

Area of 5 = 25cm^2

Enter the length of a square to find its area. enter -1 to exit:
-1

This while loop was repeated 4 times.
Press any key to continue . . .
```

Ahora, la cuenta dice cuatro veces y no calcula el área para -1.

Bucle de trabajo mientras se hace

El bucle do-while es un bucle post-condición. La ejecución del bucle do-while se suele realizar en función de la declaración de condición. La mayor distinción entre un bucle do-while y un bucle while es que la situación en un bucle do-while se mide al final del código del bucle, mientras que los otros dos bucles son bucles regulados por la llegada.

El formato de este bucle es el siguiente:

```
int main(){

    hacer

    {

        /* código */

    } while (/* condición */);

}
```

En el ejemplo, se puede realizar el mismo código que antes y seguiría funcionando de la misma manera porque habíamos cambiado el bucle while de tal manera que funcionaba como un bucle do-while

```
#include <iostream>

using namespace std;
```

```
#include <cmath>

int main(){

    área de int;

    int count=0;

    int val;

    cout<<"\NIngresa la longitud de un lado de un cuadrado
para encontrar su área, ingresa -1 para salir: ";

    cin>>val;

    hacer

    {

        área=pow(val,2);

        cout<<"\nArea= "<<area<<" cm^2\n";

        cout<<"\NIngresa la longitud de un lado de un cuadrado
para encontrar su área, ingresa -1 para salir: ";

        cin>>val;

    } while (val!=-1);

}
```

La salida:

```
C:\Windows\system32\cmd.exe

Enter the length of a side of a square to find its area, enter -1 to exit: -1

Area= 1 cm^2

Enter the length of a side of a square to find its area, enter -1 to exit: -1

Press any key to continue . . .
```

Excepto que si introdujera -1 al principio, todavía saldría el área de un cuadrado de longitud -1, mientras que el bucle while no lo haría, debido a la poscondición. Lo que significa que tiene que ejecutarse al menos una vez sin importar el coste.

3.4: Arrays

Un array es una colección de elementos de datos idénticos situados en direcciones de memoria contiguas a las que se puede acceder públicamente utilizando índices de array en C++. Pueden utilizarse para almacenar una lista de tipos de datos primitivos de algún tipo, como double, char, int, float, etc.

En lugar de definir variables separadas para cada valor, se utilizan arrays para almacenar varios valores en una sola variable.

Para la declaración de un array, se empieza definiendo el tipo de datos de la variable, luego el nombre del array, y finalmente se utilizan corchetes '[' y ']' para definir el tamaño del array y punto y coma.

Cuando se tiene un número mínimo de elementos, se pueden utilizar variables (var1, var2, var3, etc.), pero cuando se necesita mantener un número enorme de instancias, las variables resultan difíciles de controlar.

Matrices básicas

Por ejemplo:

```cpp
#include <iostream>
using namespace std;
#include <cmath>
int main(){
    int hall[4];//declara un array llamado hall con 4 espacios de memoria asignados
    /Las ubicaciones de memoria de un array siempre empiezan en 0.
    //así que las películas comienzan desde la sala[0] hasta la sala[4].
    hall[0]=1;//almacenar 1 en la posición 0 de hall.
    hall[1]=2;
```

```cpp
    hall[2]=3;

    hall[3]=4;

    cout<<"Película 1 en la sala = "<<sala[0]<<"\NPelícula 2 en la
sala = "<<sala[1]<<"\NPelícula 3 en la sala =
"<<sala[2]<<"\NPelícula 4 en la sala = "<<sala[3];

    float price[4]={15.99,21.5,32,13.5};//también puedes inicializar
los valores al principio, o tomarlos como entrada del usuario

    cout<<endl<<"billete 1: "<<precio[0]<<"billete 2:
"<<precio[1]<<"billete 3: "<<precio[2]<<"billete 4: "<<precio[3];


}
```

La salida:

También se pueden utilizar variables como el tamaño del array
así:

```cpp
    int size=4;
```

```
int hall[size]={1,2,3,4};//declara un array llamado hall con
espacios de memoria 'size' que es igual a 4 asignados
```

Las siguientes son algunas de las ventajas de utilizar un array en C++:

- Los índices de las matrices permiten el acceso aleatorio a los objetos.

- Como genera una lista estándar de varios componentes, requiere menos líneas de código.

- Todos los componentes son fácilmente accesibles.

- Utilizando un bucle, recorrer la matriz se convierte en algo sencillo.

- La ordenación de los datos se simplifica, ya que puede realizarse con menos líneas de código.

Las desventajas de utilizar un array en C/C++ son las siguientes:

- Permite la entrada de un número predeterminado de elementos en el momento de la declaración. Un array en C++ no es dinámico.

- Dado que los elementos deben manejarse de acuerdo con la asignación de memoria actual, la adición y eliminación de elementos puede ser costosa.

Uso de bucles para acceder a matrices grandes

Si tienes un array de tamaño 50, por supuesto, sería difícil obtener entradas para cada una de las 50 posiciones de memoria. Para esto, puedes usar bucles para tomar grandes cantidades de entradas. Como el tamaño del array es comúnmente predefinido, puedes usar el bucle for así:

```cpp
#include <iostream>

using namespace std;

#include <cmath>

int main(){

    int tamaño=10;

    int sala[tamaño];

    for (int i = 0; i < tamaño; i++)

    {

        cout<<"Introduce la película reproducida en la sala
número"<<i+1<<" : ";

        cin>>hall[i];//i toma la entrada para la cuenta en la que se
encuentra el bucle actualmente.

        cout<<endl;

    }
```

```
}
```

La salida:

```
C:\Windows\system32\cmd.exe

Enter the movie played in hall number 1 : 12

Enter the movie played in hall number 2 : 34

Enter the movie played in hall number 3 : 452

Enter the movie played in hall number 4 : 32

Enter the movie played in hall number 5 : 43

Enter the movie played in hall number 6 : 64

Enter the movie played in hall number 7 : 23

Enter the movie played in hall number 8 : 76

Enter the movie played in hall number 9 : 34

Enter the movie played in hall number 10 : 23


Press any key to continue . . .
```

Usando este método, puedes realizar muchos cálculos en las
variables del array. También se puede tomar el tamaño del
array como entrada declarando un tamaño de array grande
inicialmente en lugar de utilizar sólo el tamaño que el usuario
introdujo.

Matrices 2D (bidimensionales)

También se puede utilizar la notación de matrices 2D en C++
para describir matrices de matrices, como "una matriz

bidimensional de matrices". Las tablas se utilizan para almacenar datos en matrices multidimensionales (en orden de fila mayor).

En el ejemplo, la visualización de los elementos de una matriz 2D:

```cpp
#include<iostream>
using namespace std;
int main()
{
    //matriz de 3 filas, 2 columnas.
    int y[3][2] = {{23,12}, {32,21}, {41,51}};
    // salida de cada elemento de la matriz
    for (int i = 0; i < 3; i++)
    {
        for (int j = 0; j < 2; j++)
        {
            cout << "Valor en x["<<i<<"]["<<j<<"]: ";
            cout << y[i][j]<<endl;
        }
```

```
        }
}
```

La salida:

Ejemplo 2, multiplicar una matriz de 2x4 y 4x3 y el resultado queda en una matriz de 2x3

```
#include <iostream>
using namespace std;
int main()
{
    float m1[2][4] = { 0 }, m2[4][3] = { 0 }, ans[2][3] = { 0 };
    cout << "Para la primera matriz" << endl;
    for (int row = 0; row < 2; row++) {
        for (int columna = 0; columna < 4; columna++) {
```

```cpp
        cout << "Introduzca el valor de a" << fila + 1 << columna
+ 1 << ": ";

        cin >> m1[fila][columna];

    }

}

cout << endl << "Para la segunda matriz:" << endl;

for (int row = 0; row < 4; row++) {

    for (int columna = 0; columna < 3; columna++) {

        cout << "Introduzca el valor de a" << fila + 1 << columna
+ 1 << ": ";

        cin >> m2[fila][columna];

    }

}

for (int i = 0; i < 2; ++i) {//2=m1 filas

    for (int j = 0; j < 3; ++j) {//3= m2 columnas

        for (int k = 0; k < 4; ++k) {//4=m1 columnas

            ans[i][j] = (m1[i][k] * m2[k][j]) + ans[i][j];

        }

    }
```

```cpp
    }

    cout << "el resultado de la matriz 1 en la matriz 2 es " << endl;

    for (int i = 0; i < 2; i++)

        for (int j = 0; j < 3; j++) {

            cout << " " << ans[i][j];

            si (j == 3 - 1)

                cout << endl << endl;

        }

}
```

La salida:

```
C:\Windows\system32\cmd.exe

For the first matrix.
Enter value of a11: 4
Enter value of a12: 6
Enter value of a13: 3
Enter value of a14: 2
Enter value of a21: 2
Enter value of a22: 4
Enter value of a23: 3
Enter value of a24: 1

For the second matrix:
Enter value of a11: 3
Enter value of a12: 3
Enter value of a13: 8
Enter value of a21: 0
Enter value of a22: 9
Enter value of a23: 5
Enter value of a31: 1
Enter value of a32: 3
Enter value of a33: 5
Enter value of a41: 2
Enter value of a42: 4
Enter value of a43: 7
the result of matrix 1 into matrix 2 is
 19 83 91

 11 55 58

Press any key to continue . . .
```

3.5: Funciones

Una función es un fragmento de código cuya salida o efecto secundario tiene un comportamiento bien definido.

Digamos que necesitas crear un programa que se requiere para dibujar un triángulo y pintarlo. Para hacer frente a este escenario, también puede construir dos funciones:

Función 1: un mecanismo que dibujará el triángulo.

Función 2: una característica de coloración aplicada al triángulo.

Al dividir el problema en componentes más pequeños y fáciles de abordar, el software es más comprensible y reutilizable.

Es posible describir las funciones de dos maneras distintas:

- Funciones de la biblioteca: la biblioteca con funciones estándar se especifica convencionalmente en C++

- Funciones definidas por el usuario: característica anónima personalizada construida por el programador

Funciones de la biblioteca

Las funciones integradas en la programación C++ son funciones de la biblioteca estándar.

En lugar de que el programador escriba los bloques de código que se utilizan habitualmente de forma repetida, puede utilizar directamente las funciones de la biblioteca invocándolas. La mayoría de las funciones de biblioteca estándar en C++ tienen las siguientes formas: abs(), sqrt(), isdigit(), etc.

Para utilizar las funciones de la biblioteca, tendría que utilizar los archivos de cabecera en los que se especifican estas funciones; como el uso de la pow(variable, potencia), se incluye el archivo de cabecera escribiendo #include <cmath>. La mayoría de las operaciones aritméticas, como sqrt() y abs(), se utilizan utilizando la cabecera cmath.

Por ejemplo;

```
#include <iostream>// archivo de cabecera para las operaciones de entrada y salida

using namespace std;

#include <string>//archivo de cabecera permite utilizar el tipo de datos string

int main(){

    string s1;//uso del tipo de datos string

    cout<<"introduce el nombre de pila: ";

    cin>>s1;

}
```

La salida:

```
C:\Windows\system32\cmd.exe
enter first name: myName

Press any key to continue . . .
```

Estos son sólo algunos archivos de cabecera importantes de los muchos archivos de cabecera que puede utilizar en su programa:

Archivo de cabecera	Descripción
<iostream>	Incluye prototipos de funciones para las funciones básicas de entrada y salida y son las mismas que el archivo de cabecera <iostream.h>.
<iomanip>	Se utiliza en los cambiadores de flujo que estructuran flujos de datos. Sustituye al archivo de cabecera <iomanip.h>.
<cmath>	Se utiliza para utilizar las funciones incorporadas para los cálculos matemáticos.
<ctime>	Esto altera la hora y la fecha.

<cCadena>	Maneja procesadores de cadenas estilo C.
<cuerda>	Define la cadena de tipo de datos

Nota: los nombres de archivos de cabecera que terminan en .h se consideran archivos de cabecera "de estilo antiguo" que han sido superados por los archivos de cabecera de la biblioteca estándar de C++.

Aquí hay algunas funciones incorporadas que puede utilizar para las funciones de la biblioteca estándar:

Archivo de cabecera	Función	Descripción
<cmath>	sin(x)	Para encontrar el seno del ángulo x (en radianes)
<cmath>	cos(x)	Para encontrar el coseno del ángulo x (en radianes)

<cmath >	tan(x)	Para encontrar la tangente del ángulo x (en radianes)
<cmath >	asin(x)	Para encontrar el inverso del seno del ángulo x (en radianes)
<cmath >	acos(x)	Para encontrar el coseno inverso del ángulo x (en radianes)
<cmath >	exp(x)	Para encontrar la función exponencial de la variable x
<cmath >	pow(x,y)	Para encontrar el valor de c elevado a la potencia de y
<cmath >	sqrt(x)	Para encontrar la raíz cuadrada de x
<cmath >	log(x)	Para encontrar el logaritmo de x
<iomanip>	setw(x)	Para fijar una cadena de palabras en x número de caracteres

Funciones definidas por el usuario

El programador puede describir sus funciones en C++. Una función definida por el usuario es una colección de código que realiza un propósito particular y a la que se le asigna un nombre (identificador de función). Cuando se llama a una función desde cualquier parte del código del programa, ésta ejecuta cualquiera de los programas especificados en el cuerpo de la función.

Así:

```
#include <iostream>
using namespace std;
//esta es la definición de la función:
void mi_identificación_de_función(/*cualquier parámetro que
desee pasar a la función*/){
    cout<<"Esta es mi función y ha sido llamada";
}/la definición de la función termina aquí
//void significa que esta función no tiene tipo de retorno,
puede ser de cualquier tipo.
int main(){
```

```
    mi_identificador_de_función();//esta es la función que se
llama.

}
```

La salida:

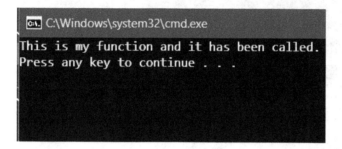

Es necesario declarar la definición de la función antes de int
main(){} porque int main no puede llamar a una función que no
ha sido definida o su definición de función está por debajo de la
función llamada.

Alternativamente, puede crear un prototipo de función si desea
definir una función por debajo del int main. Así:

```
#include <iostream>

using namespace std;

void mi_identificación_de_función();/Esta es la declaración del
prototipo.

int main(){
```

```cpp
    mi_identificador_de_función();//esta es la función que se
llama.
}
//esta es la definición de la función:
void mi_identificación_de_función(/*cualquier parámetro que
desee pasar a la función*/){
    cout<< "Esta es mi función y ha sido llamada";
}/la definición de la función termina aquí
//void representa el tipo de retorno de la función, puede ser de
cualquier tipo.
```

El tipo de retorno de una función puede ser cualquier tipo de datos. Cuando se utiliza un tipo de retorno y no void, es habitual utilizar la palabra clave 'return'.

Así:

```cpp
#include <iostream>
using namespace std;
#include<string>
string mi_identificador_de_función();/Esta es la declaración del
prototipo.
int main(){
```

```cpp
    cout<<mi_identificador_de_función();//esta es la función que
se está llamando y como la función ahora está almacenando
un valor, está siendo impreso por cout.

}

//esta es la definición de la función:
string mi_identificación_de_función(/*cualquier parámetro que
desee pasar a la función*/){

    cadena cadena1;

    cout<<"Esta es mi función y ha sido llamada. Esta es una
función de tipo retorno de cadena, por lo que debe devolver
un valor de cadena, por favor, introduzca una cadena: ";

    getline(cin,string1);//esta es una función incorporada para
almacenar cadenas que incluyen espacios utilizando el archivo
de cabecera de cadenas.

    return string1;//devolver la variable que es del mismo tipo de
datos que el tipo de retorno.

    //si se intenta devolver una variable que es diferente del tipo
de retorno de la función, la función daría un error.

}/la definición de la función termina aquí
```

La salida:

```
C:\Windows\system32\cmd.exe                                                    —   □   X

This is my function and it has been called. This is a string return type function, so it must return a string value,
please enter a string: hi, this is my sentence.
hi, this is my sentence.
Press any key to continue . . .
```

Pasar parámetros

Los parámetros son los argumentos que se pasan a una función para realizar cálculos posteriores; por ejemplo, en el ejemplo anterior, el espacio entre las llaves estaba vacío. Esto significa que no se ha pasado ningún parámetro.

Hay dos métodos para pasar parámetros:

- Pase por valor:

  El valor del parámetro original se duplica en el argumento de la función, y los dos tipos de argumentos se almacenan en ubicaciones de memoria distintas. Esto significa que cualquier alteración realizada en la variable dentro de la función no afectará a la función original.

- Pasar por referencia

  El argumento original y el de la función se almacenan en la misma ubicación de memoria. Por lo tanto, si se realiza cualquier alteración en la variable dentro de la función, a diferencia del paso por el valor, afectará al valor original.

Si lo desea, puede pasar los parámetros como en el ejemplo anterior. En C++, los argumentos se pasan automáticamente por valor:

```cpp
#include <iostream>
using namespace std;
#include<string>
void mi_función_identificación(cadena mi_cadena);/Esta es la declaración del prototipo. Es necesario mencionar los parámetros pasados en el prototipo así como mantener el tipo de retorno igual que el tipo de retorno en la definición.
int main(){
    cadena1;//definir la cadena 1 en main, para pasar la cadena 1 como parámetro y cout en mi función
    cout<<"Esta es mi función y ha sido llamada. Esta es una función de tipo retorno de cadena, por lo que debe devolver un valor de cadena, por favor, introduzca una cadena: ";
    getline(cin,string1);
```

```
   mi_identificación_de_la_función(cadena1);//esta es la
función que se llama y como la función ahora almacena un
valor, se imprime por cout.

   //dado que la función no tiene tipo de retorno (es void), no
puedo usar cout<<mi_identificador_de_función(cadena1)
}

//esta es la definición de la función:

void mi_Función_identificación(cadena mi_cadena){//la
cadena mi_cadena almacena el valor de la cadena en
mi_cadena. puede cambiar el nombre del argumento

   cout<<mi_cadena;//imprimiendo mi_cadena=cadena1

}/la definición de la función termina aquí
```

La salida:

```
C:\Windows\system32\cmd.exe                                                    —  □  ×
This is my function and it has been called. This is a string return type function, so it must return a string value,
 please enter a string: Hi. this is the sentence.
Hi. this is the sentence.
Press any key to continue . . .
```

Para pasar un valor por referencia, tendría que utilizar un
concepto más complejo llamado Punteros. Tenga en cuenta
que toda función debe tener un tipo de retorno y utilizar la
palabra clave return, o bien ser nula.

3.6: Estructuras y Enumeraciones

Las estructuras y las enumeraciones son tipos de datos definidos por el usuario en C++.

Estructuras

Este tipo de datos definidos por el usuario crea un grupo de diferentes tipos de variables bajo un tipo común. La palabra clave utilizada es 'struct'. Puedes declarar un struct con la definición, fuera de main, o en main (como int, float, etc.).

Este es el formato:

```
#include <iostream>
using namespace std;
struct my_datype_identifier//esta es la definición de la
estructura con el identificador.
{
    /* datos */
}variable1;//colocar ; después de } es obligatorio para ejecutar
el bloque de código.
//escribiendo un nombre de variable entre } y ; se declara una
nueva variable de tipo mi_identificador_de_tipo_de_datos.
int main(){
```

```
    mi_identificador_de_tipo_de_datos variable2;//esto es
declarar una variable2 de tipo de datos
mi_identificador_de_tipo_de_datos dentro de int main()

}

mi_identificador_de_tipo_de_datos variable3;//esto es declarar
una variable3 fuera de cualquier bloque de código, creando
una variable global de tipo mi_identificador_de_tipo_de_datos
```

En el ejemplo, se crea una estructura llamada longitud:

```cpp
#include <iostream>
using namespace std;
struct length//es la definición de la estructura con el
identificador length.
{
    /membros de la estructura:
    float mm,cm,km;//esto es declarar un grupo de variables de
tipo float.
    char longitud_conocida='n';//puedes declarar tantas
variables como quieras bajo la estructura longitud.
}length1={21.5,2.1,0.215,'y'};//colocar ; después de } es
obligatorio para ejecutar el bloque de código.
```

```cpp
//los corchetes {} almacenan datos de longitud 1 en el orden
de declaración dentro de la estructura.

//escribiendo un nombre de variable entre } y ; se declara una
nueva variable de tipo longitud. y se considera una variable
global

length length3[3];//esto es declarar un array de estructuras
length, para usarlo globalmente, declarar antes de otras
funciones y después de definiciones de estructuras.

int main(){

    //Mostrar datos de longitud 1:

    cout<<"Datos de longitud 1: \nt¿Longitud conocida?
"<<length1.length_known<<"\n\tIn milimeters:
"<<longitud1.mm<<"\NEn centímetros: "<<length1.cm<<"\NEn
kilómetros: "<<longitud1.km<<endl;

    length length2;//esto es declarar una variable2 de tipo de
datos length dentro de int main()

    //obtención de datos de longitud 2

    cout<<"Datos de la longitud 2: ¿se conoce la longitud 2?
(introduzca y o n)\n";

    cin>>longitud2.longitud_conocida;
```

```
si (longitud2.longitud_conocida=='y')

{

    cout<<"\NIntroduce la longitud 2 en milímetros: ";

    cin>>longitud2.mm;

    cout<<"\NIntroduce la longitud 2 en centímetros: ";

    cin>>longitud2.cm;//el operador de punto '.' accede a las
variables dentro de la estructura longitud.

    cout<<"\NIntroduce la longitud 2 en kilómetros: ";

    cin>>longitud2.km;

}
si no

{

    cout<<"\NLongitud 2 datos no disponibles.\N-";

}
//obtención de datos de la matriz de longitud 3 de las
estructuras

cout<<"Datos de la longitud 3:\n\t";
```

```cpp
length3[0].length_known='y';//accediendo a la primera
```
posición de memoria del array en length 3 y accediendo
además a la variable character length known inicializando a y.
```cpp
length3[1].length_known='y';//acceso a la 2ª posición de
```
memoria del array en length 3.
```cpp
for (int i = 0; i < 3; i++){//para cada longitud do:

    cout<<"\nt en "<<i+1<<": \n";

    if (length3[i].length_known=='y'){//comprobar si se conoce
```
la longitud, de ser así:
```cpp
        cout<<"\NIntroduce la longitud 3 en milímetros: ";

        cin>>longitud3[i].mm;

        cout<<"\NIntroduce la longitud 3 en centímetros: ";

        cin>>longitud3[i].cm;//el operador de punto '.' accede a
```
las variables dentro de la estructura longitud.
```cpp
        cout<<"\NIntroduce la longitud 3 en kilómetros: ";

        cin>>longitud3[i].km;

        cout<<endl;

    }

    si no

    {
```

```
        cout<<"\nLongitud 3 en "<<i+1<<< "'s son datos no
disponibles.\n";

    }

  }

}
```

La salida:

Enumeraciones

El tipo de datos definido por el usuario Enumeraciones se utiliza comúnmente para definir identificadores a constantes integrales. Esto hace que el programa sea sencillo y eficiente de mantener. La palabra clave utilizada es 'enums'.

Este es el formato utilizado:

```
#include <iostream>
using namespace std;
enum
enum_variable_nombre{lunes,martes,miércoles,jueves,viernes,sábado,domingo};
//enum asigna a cada uno de los enumeradores (es decir,
lunes, martes, etc.) un valor como si fuera una matriz
//por ejemplo, lunes=0, martes=1,....., domingo=6
//las constantes o enumeradores están separados por comas
int main(){
    enum nombre_de_variable Día;//este es el objeto creado
para el enum de nombre_de_variable
    Day=monday;//esto almacena el 0 en Day
    cout<<Día;
```

```
}
```

La salida:

Puede modificar el valor almacenado en cada enumerador inicializándolo en la definición. Así:

```
#include <iostream>

using namespace std;

enum

enum_variable_name{lunes=1,martes,miércoles,jueves,viernes=5,sábado,domingo};

int main(){

    enum nombre_de_variable Día[4];//esta es la matriz de objetos creada para el enum de nombre_de_variable

    Day[0]=monday;//esto almacena 1 en Day ya que 1 se inicializa a monday

    cout<<Día[0];

    Day[1]=tuesday;//tuesday almacena automáticamente el término anterior a monday, a menos que se declare otro valor
```

```
cout<<endl<<Day[1];//ahora almacena 2 en lugar de 1

Día[2]=viernes;//tienda 5

cout<<endl<<Día[2];

Día[3]=sábado;//almacena el 6 por ser el término anterior al
viernes.

cout<<endl<<Día[3];

}
```

La salida:

Capítulo 4: Crea tu propio programa en C++

Este extenso programa en C++ pretende ofrecer a los usuarios una visión del espacio exterior a través de segmentos interactivos de su elección, dándoles información sobre el tema que elijan relacionado con el espacio. Por ejemplo, los usuarios pueden comprar un telescopio de su agrado y realizar cálculos.

El usuario puede elegir cualquier tema sobre el que le gustaría saber; entonces, el usuario puede optar por encontrar información o ponerse a prueba en su intelecto sobre el tema que eligió. Si el usuario desea comprar telescopios, puede hacerlo, y el programa generará una factura.

Utilizarás todos los conceptos que has estudiado.

El usuario siempre puede elegir un tema diferente después de completar su segmento temático actual.

Pegue este programa en el código VS o en el compilador de su elección para confirmar su funcionalidad y comprender plenamente el concepto de este código.

```
//archivos de cabecera
#include <iostream>
#include <string>
```

```cpp
#include <iomanip>

#include <conio.h>

#include <time.h>

#include <cmath>
```

El archivo #include <Windows.h>//header se utiliza para acceder a las funciones de la API Win32 y facilita al usuario el uso de la funcionalidad incorporada.

```cpp
#ifdef _WIN32

#else

#include <unistd.h>

#endif
```

//declara una variable entera constante para cada color que se utilizará posteriormente para alterar el color del texto impreso

```cpp
const int GREEN = 10;

const int BLUE = 11;

const int RED = 12;

const int PURPLE = 13;

const int AMARILLO = 14;

const int BLANCO = 15;
```

```cpp
using namespace std;

//prototipos de funciones

void Principal();

void TeleScopes();

void FORMULAS();

void clearScreen(int characterLength) {//para borrar los datos
anteriores del programa

    for (int i = 0; i < characterLength; i++) {

        cout << "\b";

    }

}

void changeColour(int color) {//función para cambiar el color
del texto del programa

    HANDLE hConsola;


    hConsole = GetStdHandle(STD_OUTPUT_HANDLE);//puede ser
utilizado por aplicaciones que necesitan leer o escribir en la
consola

    SetConsoleTextAttribute(hConsole, color);
```

```
}
void showLoadingScreen() {//función para dar un efecto de
pantalla de carga al usuario
    int i;
    cadena cerrada = "- - -", abierta = "* * *";
    int color[] = {Rojo, Verde, Azul};


    cout << cerrado;


    for (i = 0; i < 5; i++) {
        Dormir(700);


        clearScreen(5);
        changeColour(color[i]);


        cout << open;


        Dormir(700);
```

```cpp
    clearScreen(5);

    cambiarColor(BLANCO);


    cout << cerrado;

  }


  clearScreen(5);

  cambiarColor(BLANCO);

}
void TypeWriter(string msg1,unsigned int millis_per_char )//para
añadir un efecto de máquina de escribir

{

    for (int x = 0; msg1[x] != 0; x++)

    {

    if (GetKeyState(VK_SPACE) & 0x8000) //Comprobar si el bit
de orden alto está activado (1 << 15)/)

    {

        millis_per_char = 1;

    }
```

```cpp
        cout << msg1[x];

        Sleep(millis_per_char);

    }

}

void DrawLineThicc()//añadir una función para que las pausas
diseñen un deisplay estructurado
{
    cout <<
"================================================
================================================\
n";
}
//COMIENZAN LAS FÓRMULAS
void calculate();
void FORMULAS();
void EqMotion(){
    doble V, Vo, a, t, S, So, Vavg;
    int elección;
    invalidInput:
```

```cpp
    cout<<"Introduce un número para la ecuación de
movimiento correspondiente. Introduzca '-1' para
salir"<<endl<<"\t1. V=Vo+at"<<endl<<"\t2. S=So + Vot +
(1/2)at^2"<<endl<<"\t3. V^2 = Vo^2 + 2a(S-So)"<<endl<<"\t4.
V'= (1/2)(V+Vo)"<<endl;

    cin>>elección;

    cambiar (elección)

    {

    caso 1:

        cout<<endl<<"Introduzca la velocidad inicial (Vo)"<<endl;

        cin>>Vo;

        cout<<endl<<"Introduzca el tiempo (t)"<<endl;

        cin>>t;

        cout<<endl<<"Introduce la aceleración (a)"<<endl;

        cin>>a;

        V=Vo + (a*t);

        cout<<" Velocidad (V) = "<<V<<" m/s"<<endl;

        DibujarLíneaThicc();

        EqMotion();
```

```
romper;

caso 2:

cout<<endl<<"Introduzca la velocidad inicial (Vo)"<<endl;

cin>>Vo;

cout<<endl<<"Introduzca el tiempo (t): ";

cin>>t;

cout<<endl<<"Introduce la aceleración (a): ";

cin>>a;

cout<<"Introduzca la distancia inicial (So): ";

cin>>Entonces;

S=So+(Vo*t)+((0,5)*a*(pow(t,2));

cout<<endl<<" Distancia (S) = "<<S<<"m"<<endl;

DibujarLíneaThicc();

romper;

caso 3:

cout<<endl<<"Introduzca la velocidad inicial (Vo)"<<endl;

cin>>Vo;

cout<<endl<<"Introduce la aceleración (a): ";

cin>>a;
```

```cpp
cout<<endl<<"Introduzca la distancia inicial (So): ";

cin>>Entonces;

cout<<endl<<"Introduzca la distancia (S): ";

cin>>S;

V=(pow(Vo,2))+(2*a*(S-So));

V=pow(V,2);

cout<<endl<<"Velocidad (V) = "<<V<<"m/s"<<endl;

DibujarLíneaThicc();

romper;

caso 4:

cout<<endl<<"Introduzca la velocidad inicial (Vo)"<<endl;

cin>>Vo;

cout<<endl<<"Introduzca la velocidad (V): ";

cin>>V;

Vavg=(1/2)*(V+Vo);

cout<<endl<<"Velocidad media (V') = "<<Vavg<<"m/s"<<endl;

DibujarLíneaThicc();

romper;
```

```
    caso -1:

    DibujarLíneaThicc();

    system("cls");

    calcular();

    romper;

  por defecto:

   {cout<<"Entrada no válida, por favor, inténtelo de
nuevo."<<endl;

    goto invalidInput;}

    romper;

    system("cls");//esto llama a la función para borrar los datos
anteriores en la aplicación de consola

    }

    EqMotion();

}

void calculate(){

   la elección del carbón;

   cout<<"Elige el tipo de ecuaciones que deseas utilizar
(Introduce 1 para salir):"<<endl<<"\ta. Ecuaciones de
```

```cpp
movimiento"<<endl<<"\tb. Ecuaciones
gravitacionales"<<endl<<"\tc. Ecuaciones de oscilación"<<endl;
    invalidInput://goto jump statement utilizado
    cin>>elección;
    cout<<endl;
    switch (elección)/sustitución de la declaración de decisión
del caso utilizado
    {
    caso 'a':
        system("cls");
        EqMotion();
        cout<<endl<<"_____
_____";
        romper;
        caso "1":
            system("cls");

            cout<<endl<<"_____
_____";
```

```cpp
        FÓRMULAS();

        romper;

    por defecto:

    {cout<<"Entrada no válida, por favor, inténtelo de
nuevo."<<endl;

        goto invalidInput;}

        romper;

    }

    system("cls");

    FÓRMULAS();

}

void FORMULAS(){//FORMULAS MAIN

    int elección;

    cambiarColor(AMARILLO);

    TypeWriter("¡Bienvenido a la sección de cálculo de fórmulas!
En esta sección puedes elegir las fórmulas para las que quieres
que hagamos el cálculo. Introduzca -1 para volver al menú
principal.\n\t1. Calcular\nt2. Salir\n",20);

    invalidInput:
```

```
cin>>elección;

cout<<endl;

cambiar (elección)

{

caso 1:

    system("cls");

    calcular();

    romper;

    caso 2:

    Principal();

    romper;

por defecto:{

cout<<"Entrada no válida, por favor, inténtelo de
nuevo."<<endl;

    goto invalidInput;}

    romper;

}

Main();//función que actúa como int main

}
```

```cpp
//FORMULAS FIN

// Telescopios Comienza aquí

//funciones:

struct SpecsAndInfo//definición de la estructura

{

    // información general:

    nombre de cadena;

    /tipo de cadena;

    double priceRs; /*priceUS*/

    /Especificaciones:

    string bv = "Mejor para ver: ";

    string bi = "Lo mejor para las imágenes: ";

    string ul = "Nivel de usuario: ";

    string od = "Diseño óptico: ";

    string mr = "Gama de aumentos: ";


};

Artículos SpecsAndInfo[5];

//funciones:
```

```cpp
void TeleScopes();

void TypesOfTelescops()

{

    int seleccionar;

    cuerda de vuelta;

    string typesMenu = "\N-los tipos de telescópicos en nuestro
directorio son: \n" "\t1. IACT\n" "\t2. Telescopio de infrarrojos"
"\t3. Radiotelescopio\n" "\t4. Telescopio de Rayos X y Gamma"
"\t5. Telescopio Catadióptrico" "\N - [0]. (Menú principal)\N"
"\NSeleccione el tipo que desea conocer(1-5): ";


    cout << "*(pulse la tecla 'espacio' de su teclado para
saltarse la animación de escritura)*" << endl << "*(Por favor,
utilice el modo de pantalla completa para una mejor
experiencia)*" << endl << "--------------------------------------------------
------------------------------------------\n";

    TypeWriter(typesMenu,50);

    cin >> seleccionar;

    interruptor (seleccionar)
```

```
{
    caso 0:
    {
        system("cls");

        TeleScopes();
    }
    caso 1:
    {
        cambiarColor(VERDE);

        DibujarLíneaThicc();

        TypeWriter("IACT" significa "Imaging Atmospheric
Cherenkov Telescope". Es un dispositivo o método para
detectar rayos gamma de muy alta energía en el rango de
energía de fotones de 50 GeV a 50TeV.\NHay cuatro sistemas
IACT en funcionamiento:\n \t1. Sistema estereoscópico de alta
energía (H.E.S.S.) Major Atmospheric Gamma Imaging
Cherenkov Telescopes (MAGIC)\n \N3. Primer telescopio
Cherenkov G-APD (FACT)\n \n4. Sistema de Telescopios de
Imágenes de Radiación Muy Energética (VERITAS)\n",30);
```

```cpp
        cout << endl << "¿Quiere volver? sí o no: ";

        cin >> atrás;

        if (back = "yes" || back = "YES" | back = "Yes")

        {

            system("cls");

            DibujarLíneaThicc();

            TypesOfTelescops();

        }

        else if(back != "yes" || back != "Yes" | back != "YES")

        {

            cout << endl << "Gracias por su tiempo" << endl;

        }

    }

    romper;

    caso 2:

    {

        cambiarColor(AZUL);

        DibujarLíneaThicc();
```

```cpp
TypeWriter("\NUn telescopio infrarrojo es un telescopio
que utiliza la luz infrarroja para detectar cuerpos celestes.\NLa
luz infrarroja es uno de los varios tipos de radiación presentes en
el espectro electromagnético.\NTodos los objetos celestes con
una temperatura superior al cero absoluto emiten alguna forma
de radiación electromagnética.\N",30);


        cout << endl << "¿Quiere volver? sí o no: ";

        cin >> atrás;

        if (back = "yes" || back = "YES" | back = "Yes")

        {

            system("cls");

            DibujarLíneaThicc();

            TypesOfTelescops();

        }

        else if(back != "yes" || back != "Yes" | back != "YES")

        {

            cout << endl << "Gracias por su tiempo" << endl;

        }
```

```cpp
        }
    romper;
    caso 3:
    {
        cambiarColor(AMARILLO);
        DibujarLíneaThicc();
        TypeWriter("Un radiotelescopio es una antena
especializada y un receptor de radio que se utiliza para
detectar las ondas de radio de las fuentes de radio
astronómicas en el cielo. A diferencia de los telescopios
ópticos, los radiotelescopios se pueden utilizar tanto de día
como de noche\n",30);


        cout << endl << "¿Quiere volver? sí o no: ";
        cin >> atrás;
        if (back = "yes" || back = "YES" | back = "Yes")
        {
            system("cls");
            DibujarLíneaThicc();
            TypesOfTelescops();
```

```cpp
        }

        else if(back != "yes" || back != "Yes" | back != "YES")

        {

            cout << endl << "Gracias por su tiempo" << endl;

        }

    }

    romper;

    caso 4:

    {

        cambiarColor(ROJO);

        DibujarLíneaThicc();

        TypeWriter("\NAl igual que los radiotelescopios, los
telescopios de rayos X y gamma utilizan los rayos que emiten los
cuerpos de los soles, las supernovas y las estrellas para crear sus
imágenes.\NAsí es como los astrónomos pueden ver los
eventos que ocurren en el espacio profundo como las
supernovas y los agujeros negros.El telescopio de rayos gamma
detecta la ráfaga de rayos gamma que ayuda a confirmar los
eventos que tienen lugar en el espacio y que no pueden ser
detectados con la confirmación visual.\NLos telescopios de
```

rayos X y de rayos gamma se utilizan a mayor altura, por lo que no hay que preocuparse de que la contaminación altere las imágenes.\N",30);

```cpp
        cout << endl << "¿Quiere volver? sí o no: ";

        cin >> atrás;

        if (back = "yes" || back = "YES" | back = "Yes")

        {

            system("cls");

            DibujarLíneaThicc();

            TypesOfTelescops();

        }

        else if(back != "yes" || back != "Yes" | back != "YES")

        {

            cout << endl << "Gracias por su tiempo" << endl;

        }

    }

    romper;

    caso 5:
```

```cpp
{
    cambiarColor(MORADO);

    DibujarLíneaThicc();

    TypeWriter("\NEl catadióptrico es una opción híbrida
basada en los telescopios reflectores y refractores. Su nombre
es incluso un híbrido de los nombres del tipo de telescopio
refractor (dióptrico) y reflector (catadióptrico).\NEl interior del
tubo tiene una lente correctora que permite la entrada de luz.
La luz se refleja desde un espejo primario a un espejo
secundario. Se refleja de nuevo en el espejo primario y en el
ocular.\NEl enfoque de este telescopio se realiza moviendo el
espejo primario en lugar del ocular como se hace en otros
telescopios. Puede ser un poco más difícil enfocar una imagen
debido al movimiento del espejo, pero estos telescopios son
portátiles y pequeños.\n",30);


    cout << endl << "¿Quiere volver? sí o no: ";

    cin >> atrás;

    if (back = "yes" || back = "YES" | back = "Yes")

    {

        system("cls");
```

```
            DibujarLíneaThicc();

        TypesOfTelescops();

    }

    else if(back != "yes" || back != "Yes" | back != "YES")

    {

        cout << endl << "Gracias por su tiempo" << endl;

    }

}

    romper;

    por defecto:

    {

        cout << "\N - Por favor, seleccione una de las
opciones dadas: ";

        system("cls");

        TypesOfTelescops();

    }

    romper;

  }

}
```

```
void ItemInventory()

{

    items[0].name = "\t | Orion ED66 CF Carbon Fiber |";

    items[0].priceRs = 105000.65;

    /especificaciones:

    /* items[0].bv = "Mejor para ver: ";

    items[0].bi = "Mejor para la imagen: ";

    items[0].ul = "Nivel de usuario: ";

    items[0].od = "Diseño óptico: ";

    items[0].mr = "Gama de aumentos: ";
*/
    items[1].name = " | Orion EON 115mm ED Triplet
Apochromatic |";

    items[1].priceRs = 255000.20;


    items[2].name = " | Orion SkyQuest XX14g GoTo Truss Tube |";

    items[2].priceRs = 449000.99;


    items[3].name = " | Orion GiantView BT-70 45 grados |";
```

```cpp
    items[4].name = "|Telescopio Binocular Orion GiantView BT-70
de 45 grados|";
}
void TelescopeShop()//para la tienda de telescopios
{
    int clave;
    double userMoney;
    cambiarColor(AZUL);
    string shopMenu = "\tActualmente hay cinco telescopios
disponibles\n" "\t1. Orion ED66 CF Carbon Fiber\n" "\t2. Orion
EON Triplet Apochromatic\n" "\t3. Orion SkyQuest XX14g GoTo
Truss Tube" "\t4. Orion GiantView BT-70 45 grados" "\t5. Orion
GiantView BT-70 45-degree Binocular Telescope\n" "\n(Ingrese 0
para salir)\n" "\nIngrese su elección(1-5): ";
    cadena PKR = "RS";
    cadena ans, con, bv, bi, ul ,od, mr, toStr, back;
    system("cls");
    ItemInventory();
    otra vez1:
```

```cpp
TypeWriter(shopMenu, 30);


cin >> llave;

interruptor (llave)

{

    caso 0:

    {

        system("cls");

        TeleScopes();

    }


    caso 1:

    {

        system("cls");

        cambiarColor(AZUL);

        TypeWriter(items[0].name, 50);

        cout << endl;

        cout << endl << items[0].bv; TypeWriter("Nature &
scenic\n",50);
```

```cpp
        cout << items[0].bi; TypeWriter("Lunar,
planetario\n",50);

        cout << items[0].ul; TypeWriter("Intermediate\n",50);

        cout << items[0].od; TypeWriter("Refractor\n",50);

        cout << items[0].mr; TypeWriter("300x\n\n",50);


        TypeWriter("Precio en PKR: ", 30);

        cout << setprecision(10) << items[0].priceRs << PKR <<
endl;


        cout <<"\N-¿Quieres comprar esto? (sí/no): ";

        cin >> ans;


        if (ans == "yes" || ans == "Yes" | ans == "YES")

        {

            DibujarLíneaThicc();

            TypeWriter("Cantidad a pagar: ", 60);

            cout << items[0].priceRs << PKR << endl;
```

```cpp
            DibujarLíneaThicc();


        cout << endl << "¿Quiere volver? sí o no: ";

        cin >> atrás;

        if (back = "yes" || back = "YES" | back = "Yes")

        {

            system("cls");

            DibujarLíneaThicc();

            TelescopeShop();

        }

        else if(back != "yes" || back != "Yes" | back !=
"YES")

        {

            cout << endl << "Gracias por su tiempo" <<
endl;

        }

    }

    si no

    {
```

```cpp
        cout << endl << "¡Gracias por comprobar nuestros
productos!

            cout << endl << "¿Quiere volver? sí o no: ";

            cin >> atrás;

            if (back = "yes" || back = "YES" | back = "Yes")

            {

                system("cls");

                DibujarLíneaThicc();

                TelescopeShop();

            }

            else if(back != "yes" || back != "Yes" | back !=
"YES")

            {

                    cout << endl << "Gracias por su tiempo" <<
endl;

            }

        }
```

```cpp
        }

    romper;

    caso 2:

    {

        system("cls");

        cambiarColor(VERDE);

        TypeWriter(items[1].name, 50);

        cout << endl;

        cout << endl << items[1].bv; TypeWriter("Lunar & bright
deep sky\n",50);

        cout << items[1].bi; TypeWriter("Lunar & bright deep
sky\n",50);

        cout << items[1].ul; TypeWriter("Advanced\n",50);

        cout << items[1].od; TypeWriter("Refractor\n",50);

        cout << items[1].mr; TypeWriter("450x\n\n",50);


        TypeWriter("Precio en PKR: ", 30);
```

```cpp
        cout << setprecision(10) << items[1].priceRs << PKR <<
endl;


        cout <<"\N-¿Quieres comprar esto? (sí/no): ";
        cin >> ans;

          if (ans == "yes" || ans == "Yes" | ans == "YES")

          {

              DibujarLíneaThicc();
              TypeWriter("Cantidad a pagar: ", 60);
              cout << items[1].priceRs << PKR << endl;
              DibujarLíneaThicc();


              cout << endl << "¿Quiere volver? sí o no: ";
              cin >> atrás;
              if (back = "yes" || back = "YES" | back = "Yes")

              {

                  system("cls");
```

```cpp
                DibujarLíneaThicc();

            TelescopeShop();

        }

        else if(back != "yes" || back != "Yes" | back !=
"YES")

        {

            cout << endl << "Gracias por su tiempo" <<
endl;

        }

    }

    si no

    {

        cout << endl << "¡Gracias por comprobar nuestros
productos!


        cout << endl << "¿Quiere volver? sí o no: ";

        cin >> atrás;

        if (back = "yes" || back = "YES" | back = "Yes")

        {
```

```cpp
                                    system("cls");

                                    DibujarLíneaThicc();

                                    TelescopeShop();

                            }

                            else if(back != "yes" || back != "Yes" | back !=
"YES")

                            {

                                    cout << endl << "Gracias por su tiempo" <<
endl;

                            }

                    }


            }
        romper;

    caso 3:
        {

            system("cls");

            cambiarColor(AMARILLO);
```

```cpp
        TypeWriter(items[2].name, 50);

        cout << endl;

        cout << endl << items[2].bv; TypeWriter("Fainter deep
sky\n",50);

        cout << items[2].bi; TypeWriter("Lunar &
planetary\n",50);

        cout << items[2].ul; TypeWriter("Advanced\n",50);

        cout << items[2].od; TypeWriter("Dobsonian
(Reflector)\n",50);

        cout << items[2].mr; TypeWriter("300x\n\n",50);


        TypeWriter("Precio en PKR: ", 30);

        cout << setprecision(10) << items[2].priceRs << PKR <<
endl;


        cout <<"\N-¿Quieres comprar esto? (sí/no): ";

        cin >> ans;
```

```cpp
        if (ans == "yes" || ans == "Yes" | ans == "YES")

        {

            DibujarLíneaThicc();

            TypeWriter("Cantidad a pagar: ", 60);

            cout << items[2].priceRs << PKR << endl;

            DibujarLíneaThicc();


                cout << endl << "¿Quiere volver? sí o no: ";

                cin >> atrás;

                if (back = "yes" || back = "YES" | back = "Yes")

                {

                    system("cls");

                    DibujarLíneaThicc();

                    TelescopeShop();

                }

                else if(back != "yes" || back != "Yes" | back !=
"YES")

                    {
```

```cpp
                    cout << endl << "Gracias por su tiempo" <<
endl;

                }
        }
        si no
        {
            cout << endl << "¡Gracias por comprobar nuestros
productos!

            cout << endl << "¿Quiere volver? sí o no: ";
            cin >> atrás;
            if (back = "yes" || back = "YES" | back = "Yes")
            {
                system("cls");
                DibujarLíneaThicc();
                TelescopeShop();
            }
            else if(back != "yes" || back != "Yes" | back !=
"YES")
```

```cpp
                    {
                        cout << endl << "Gracias por su tiempo" <<
endl;

                    }

                }


        }

        romper;


        caso 4:

        {

            system("cls");

            TypeWriter(items[3].name, 50);

            cambiarColor(ROJO);

            cout << endl << "¡Actualmente agotado!";


                cout << endl << endl << "¿Quiere volver? sí o no: ";

                cin >> atrás;

                if (back = "yes" || back = "YES" | back = "Yes")
```

```cpp
            {
                system("cls");

                DibujarLíneaThicc();

                TelescopeShop();

            }
            else if(back != "yes" || back != "Yes" | back != "YES")

            {

                cout << endl << "Gracias por su tiempo" << endl;

            }

    }


    caso 5:

    {

        system("cls");

        TypeWriter(items[4].name, 50);

        cambiarColor(MORADO);

        cout << endl << "¡Próximamente! ;)";


        cout << endl << endl << "¿Quiere volver? sí o no: ";
```

```cpp
            cin >> atrás;

        if (back = "yes" || back = "YES" | back = "Yes")

        {

                system("cls");

                DibujarLíneaThicc();

                TelescopeShop();

        }

        else if(back != "yes" || back != "Yes" | back != "YES")

        {

            cout << endl << "Gracias por su tiempo" << endl;

        }

    }

    por defecto:

    {

    cout << "\N¡Por favor, seleccione entre las opciones
dadas!";

        system("cls");

        TelescopeShop();
```

```
        }

    romper;

    }

}

void TeleScopes()//función principal del telescopio

{

    int seleccionar;

    string mainMenu = "\Nt1. Tipos de Telescopios\n" "\t2. Tienda
de Telescopios" "\t3. SALIR";


    changeColour(PURPLE);//llama a la función de cambio de
color

    cout << "Bienvenido a la sección del telescopio" << endl;


    cambiarColor(AZUL);

    TypeWriter(mainMenu,50);


    cambiarColor(MORADO);
```

```
cout << "\N - Por favor, seleccione en el menú anterior: ";

de nuevo:


cambiarColor(AZUL);

cin >> seleccionar;

interruptor (seleccionar)

{

    caso 1:

        system("cls");

        DibujarLíneaThicc();

        TypesOfTelescops();

    romper;


    caso 2:

        system("cls");

        showLoadingScreen();

        TelescopeShop();

    romper;
```

```
        caso 3:

        system("cls");

        Principal();

        romper;

        por defecto:

        {

            cout << "\N - Por favor, seleccione en el menú anterior: ";

            volver a ir;

        }

        romper;

    }

}

// LOS TELESCOPIOS TERMINAN AQUÍ ↑ //

//FUNCIÓN PRINCIPAL

void Main(){

 la elección del carbón;

 cambiarColor(AZUL);

    cout << "(pulse la tecla 'espacio' en su teclado para saltar la
animación de escritura)" << endl << "(Por favor, utilice el modo
```

```cpp
de pantalla completa para una mejor experiencia)" << endl <<
"--------------------------------------------------------------------------------
-------\n";

   cambiarColor(MORADO);

   TypeWriter("Bienvenido al Programa Espacial. Nuestro
objetivo es ofrecerle una visión del espacio exterior a través de
segmentos interactivos de su elección sobre temas
relacionados con el espacio. \N - Para continuar, introduzca
una letra para el segmento correspondiente en el que le
gustaría sumergirse. Introduzca "1" para salir. \n",30);

   cambiarColor(AZUL);

   TypeWriter("\ta. sección de telescopios\tb. sección de
fórmulas\n",30);

   invalidInput:

   cin>>elección;

   cambiar (elección)

   {

   caso 'a':

      system("cls");

      showLoadingScreen();
```

```
            TeleScopes();

    romper;

    caso 'b':

    system("cls");

    showLoadingScreen();

    FÓRMULAS();

    romper;

    caso "1":

    TypeWriter("\NGracias por su tiempo, espero que le haya
gustado.\N_____
_____",50);

    romper;

  por defecto:

  cout<<"Entrada no válida, por favor, inténtelo de
nuevo."<<endl;

  goto invalidInput;

    romper;

  }

}
```

```
int main(){

  Principal();

}
```

Salidas:

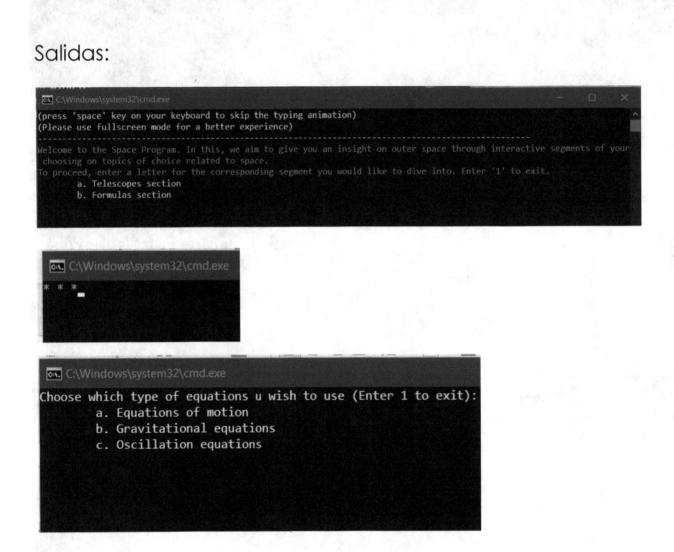

```
C:\Windows\system32\cmd.exe

Enter a number for the corresponding equation of motion. Enter '-1' to exit.
        1. V=Vo+at
        2. S=So + Vot + (1/2)at^2
        3. V^2 = Vo^2 + 2a(S-So)
        4. V'= (1/2)(V+Vo)
4

Enter Initial velocity (Vo)
3

Enter velocity (V): 5

Average velocity (V') = 0m/s
================================================================================
Enter a number for the corresponding equation of motion. Enter '-1' to exit.
        1. V=Vo+at
        2. S=So + Vot + (1/2)at^2
        3. V^2 = Vo^2 + 2a(S-So)
        4. V'= (1/2)(V+Vo)
```

```
C:\Windows\system32\cmd.exe

Welcome to the telescope section


        1.  Types of Telescopes
        2.  Telescope shop!
        3.  EXIT
Please select from the above menu:
```

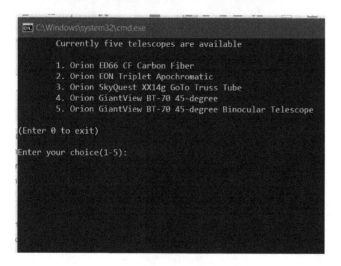

```
C:\Windows\system32\cmd.exe

        Currently five telescopes are available

    1. Orion ED66 CF Carbon Fiber
    2. Orion EON Triplet Apochromatic
    3. Orion SkyQuest XX14g GoTo Truss Tube
    4. Orion GiantView BT-70 45-degree
    5. Orion GiantView BT-70 45-degree Binocular Telescope

(Enter 0 to exit)

Enter your choice(1-5):
```

```
C:\Windows\system32\cmd.exe

|Orion EON 115mm ED Triplet Apochromatic|

Best For Viewing: Lunar & bright deep sky
Best For Imaging: Lunar & bright deep sky
User level: Advanced
Optical Design: Refractor
Magnification Range: 450x

Price in PKR: 255000.2RS

Do you want to purchase this? (yes/no):     yes
==================================================================
Amount Due: 255000.2RS
==================================================================

Would you like to go back? yes or no:
```

Capítulo 5: Errores a evitar en C++

5.1: Errores comunes

- No olvides utilizar el punto y coma ';' para ejecutar la mayoría de las sentencias, pero tampoco lo utilices en los lugares equivocados.

- El uso de llaves '{ }' en la sintaxis requerida es importante, especialmente al principio y al final de la definición de una función o de cualquier bloque de código bajo declaraciones de decisión, bucles, etc.

- Si utiliza comentarios, debe cerrar los comentarios largos de la siguiente manera: '/*...*/'; para declaraciones cortas de una línea, utilice '//.'

- Asegúrate de que has declarado todas las variables que utilizas y que están en el ámbito de aplicación.

- No puedes cruzar el tamaño del array que has declarado, pero siempre puedes usar una cantidad menor del tamaño del array, sin embargo.

- Trata de considerar todas las situaciones posibles en tu código para evitar cualquier error (manejo de excepciones).

Conclusión:

Este libro abarca sólo el principio del vasto mundo de la programación en C++. Si dominas los conceptos básicos, podrás llegar a comprender también los más complejos. La programación es una habilidad que sólo se puede dominar con la práctica, por lo que es necesario poner en práctica todos los conceptos para comprenderlos plenamente. No sólo es una habilidad sino una forma de arte, pero también, cuanto más creativo y eficiente seas con tu programa, mejor. Por lo tanto, intenta encontrar numerosos métodos para la misma función para poder ampliar tu perspectiva.